# El
# Tomo 2
# Gozo
# del
# AMOR
# Comprometido

María

Sabemos que el amor es
fundamental en nuestra
vida diaria, espero que
este libro te guste.

Con mucho cariño

Graciela.

# El
# Gozo
Tomo 2
## del
# AMOR
# Comprometido

## Gary Smalley

BETANIA

# EL GOZO DEL AMOR COMPROMETIDO - TOMO 2

## Dedicatoria

A mi esposa, Norma, quien hizo posible el que contribuyera a este libro, así como a nuestros hijos: Kari, Greg y Michael.

# Agradecimientos

*A aquellos que ayudaron con la primera edición:*

Bonney Scott:
> Por su compromiso amoroso, que hizo posible que este libro se completara en el plazo previsto.

Robert J. Marsh:
> Por su visión y estímulo, cosas sin las cuales este volumen no se habría escrito hasta por lo menos tres años más tarde.

Los directores de R.M. Marketing:
> Por su valor al comprometer los recursos económicos que hicieron de nuestro sueño una realidad.

Harry Howard:
> Por coordinar la preparación del diseño y la producción física de este libro.

El equipo editorial:
> Judy Baggett Thrasher y Linda Allen Fyke, por hacer posible que completáramos un proyecto de dos años en dos meses.

Las mecanógrafas:
> Anna Ruth Hart, Betty Snyder, Lisa Bland, Darlene Williams, Janet Perry y Denise Duck, por su empeño y diligencia en su labor.

# Índice

**Primera Parte**
**EL FUNDAMENTO PARA CONSTRUIR UN MATRIMONIO MEJOR**

1. Las relaciones duraderas no suceden por casualidad ......... 13
2. Ocho formas en que el esposo hiere a su esposa ............. 19
3. Razones ocultas por las que los hombres actúan como lo hacen ............................................... 28
4. Ayudando a tu esposo a hacerse más sensible .............. 37
5. Motivando a tu esposo para que te escuche ................ 43
6. Motivando a tu esposo para que cambie .................. 53

**Segunda Parte**
**CONSTRUYENDO UN MATRIMONIO MEJOR**

7. Cómo aumentar el deseo de tu esposo de pasar contigo más tiempo de afinidad y sentimientos profundos ............... 75
8. Cómo conseguir la atención completa y constante de tu esposo ................................................ 96
9. Cómo aumentar la sensibilidad de tu esposo hacia tus necesidades emocionales y a los deseos que tienes ............ 103
10. Cómo ganar el consuelo y la comprensión de tu esposo en vez de sus sermones y críticas .......................... 112
11. Cómo motivar a tu esposo para que reciba tu corrección sin ponerse a la defensiva ................................ 118
12. Cómo conseguir el aprecio y la alabanza de tu esposo ....... 125
13. Cómo ayudar a tu esposo para que comparta la responsabilidad por los niños y por las necesidades domésticas ....... 134

14. Cómo motivar a tu esposo para que satisfaga las necesidades materiales que tienes................................... 143
15. Cómo aumentar y hacer más profundo el afecto de tu esposo por ti.................................................. 151
16. Cómo llegar a ser el "mejor amigo" de tu esposo........... 162
Lectura recomendada....................................... 171

## Casi demasiado tarde

Siempre pensé que era un esposo bastante bueno; y cuando abordé por pimera vez a Gary con la idea de que escribiéramos un libro juntos, no sabía en lo que me estaba metiendo. A medida que trabajaba preparando su material, llegué a estar cada vez más dolorosamente consciente de lo que mi esposa había tenido que soportar durante los últimos diez años. Capítulo tras capítulo me producía una profunda convicción de las innumerables veces que había fallado como esposo en cuanto a amar a mi esposa; y en ocasiones no pude ni siquiera trabajar en el libro porque éste sacaba a la luz mis defectos como esposo y padre.

Puedo decir honradamente, que el contenido de este libro me ha ayudado a producir en mí un deseo abrumador de honrar y amar a mi esposa como la persona preciosa y única que es; y confío en que te dé las ideas y el ánimo que necesitas para entrar en relación verdaderamente satisfactoria con tu esposo.

Steve Scott

# Introducción

Los matrimonios satisfactorios no suceden por casualidad, sino que están edificados sobre principios comprobados esenciales para el desarrollo de cualquier relación cordial y amorosa. La primera parte (capítulos 1 al 6), está concebida para ayudarte a comprender mejor estas pautas y a aprender cómo aplicarlas de una manera práctica a tu vida diaria. Tales normas son el fundamento de un buen matrimonio.

La segunda parte (capítulos 7 al 16) provee los materiales que necesitas para edificar sobre dicho fundamento. Cada capítulo cita maneras específicas de motivar a tu esposo para que te ame de verdad, de la forma que quieres ser amada. Los capítulos están escritos independientemente unos de otros; así que puedes leerlos en cualquier orden que desees —la disposición en el libro está basada en aquellas prioridades que ciertas mujeres consideran más importantes para ellas (no obstante, en tu situación única, un capítulo posterior puede serte más vital que otro que venga antes). Para determinar qué capítulos son más importantes para ti, enumera las diez afirmaciones breves que aparecen más abajo según la relativa importancia que tengan en tu caso. Tal vez después quieras leer los capítulos según su propio orden de trascendencia.

_____ 7. Cómo incrementar el deseo de tu esposo de pasar más tiempo contigo.

_____ 8. Cómo aumentar el anhelo de tu esposo por escucharte con toda su atención en una forma constante.

_____ 9. Cómo aumentar la sensibilidad de tu esposo a las necesidades y a los deseos emocionales y románticos que tienes.

_____ 10. Cómo motivar a tu esposo para que te conforte cuando te encuentras desanimada.

_____ 11. Cómo motivar a tu esposo para que reciba tu corrección sin ponerse a la defensiva.

_____ 12. Cómo inspirar a tu esposo para que consigas un aprecio sincero por ti y aprenda a alabarte.

_____ 13. Cómo estimular a tu esposo para que asuma responsabilidad con los niños y te ayude con las necesidades de la familia.

_____ 14. Cómo motivar a tu esposo para que te satisfaga con una actitud alegre las necesidades materiales tuyas.

_____ 15. Cómo acrecentar y profundizar el afecto de tu esposo por ti.

_____ 16. Cómo estimular el deseo de tu esposo de ser tu amigo más íntimo.

# PRIMERA PARTE

## EL FUNDAMENTO PARA CONSTRUIR UN MATRIMONIO MEJOR

## 1. Las relaciones duraderas no suceden por casualidad

*"Mujer virtuosa, ¿quién la hallará? Porque su estima sobrepasa largamente a la de las piedras preciosas" (Proverbios 31:10).*

Jaime miraba fija y silenciosamente a la televisión, mientras Carolina sufría en su interior deseando saber por qué estaría su esposo enojado de nuevo con ella. Sólo llevaban un año casados, y la mujer podía ver ya que su relación se estaba deteriorando. No conseguía hacer otra cosa sino preguntarse si se unirían pronto a los millones de parejas cuyos matrimonios han terminado en divorcio. Cuando por último rompió el silencio para preguntarle a Jaime lo que pasaba, él se negó a contestarle. Después de sentirse ofendida por unos minutos, volvió a repetir la pregunta; y la respuesta de su esposo la hirió tan profundamente que comenzó a dudar de su idoneidad como esposa.

Lo que él le dijo, fue: "Ya estoy harto y cansado de que te tomes todo tan en serio. ¡Eres demasiado susceptible! Si hubiera sabido que eras tan sensible, probablemente nunca me hubiera casado contigo; pero ya que estamos casados, creo que debes hacer tu parte. Deja de reaccionar exageradamente y de ser tan quisquillosa acerca de lo que digo y hago. ¡Si hemos de tener un matrimonio de algún tipo, tienes que terminar con tanto infantilismo!"

¿Te suena conocido? Con esas palabras ásperas, sin saberlo Jaime ha puesto su relación matrimonial en una senda destructiva que conduce a algunos cambios muy poco atractivos: cambios que a la postre probablemente les guiarán a la desintegración de su matrimonio. El problema principal de Jaime —común a miles de otros esposos— es que no comprende la diferencia básica entre el temperamento masculino y el femenino. El hombre ha tomado dos de las máximas virtudes naturales de su esposa —su sensibilidad y su conocimiento intuitivo de la vida—, y las ha calificado de debilidades. En respuesta al reproche de Jaime, Carolina, como miles de otras esposas, comenzará a desarrollar una actitud insensible y endurecida hacia la vida en general y hacia su esposo en particular. Si el matrimonio de ellos dura más de unos pocos años, Jaime descubrirá para su propio desaliento que la sensibilidad de Carolina ha quedado finalmente sojuzgada y que él ha perdido la mayor parte o toda su atracción por su esposa. ¡Ojalá que pudiera recordar que esa sensibilidad fue una de las primeras cosas que le atrajeron de ella! Si tan sólo comprendiera que la agudeza de su esposa era una de sus virtudes máximas, y comenzara a tratar a ésta con ternura, delicadeza y benevolencia, su relación se haría más fuerte y satisfactoria.

Las diferencias emocionales y mentales entre los hombres y las mujeres (descritas en detalle en el capítulo 3), *pueden* llegar a convertirse en obstáculos insuperables para obtener una relación duradera y satisfactoria cuando se ignoran o se entienden mal. Sin embargo, esas mismas diferencias —cuando se reconocen y aprecian— llegan a ser fundamentales para conseguir dicha relación.

Las mujeres, por ejemplo, tienen una ventaja tremenda en dos de las áreas más importantes de la vida: el amor a Dios y el amor a otras personas (Mateo 22:36–40). Ya que poseen una habilidad intuitiva para desarrollar relaciones con significado, y un deseo de comunicación íntima, esto les da la superioridad en lo que Jesús estimó como los dos mandamientos más importantes. Amar a Dios y amar a otros es construir relaciones. Dios dijo que no era bueno que el hombre estuviera solo, y creó una ayuda y un complemento para él: la mujer. Desde luego, los hombres necesitan ayuda en cuanto a formar y mantener lazos; pero lo que pretende este libro es mostrar *cómo* pueden ayudar las mujeres para que ellos escuchen y reciban esta ayuda.

Cuando una mujer considera sus virtudes como lo que son, su imagen propia se hará prácticamente indestructible —sin importar cómo la desestime su esposo. Si el esposo y la esposa se comprenden y comienzan a reaccionar en la debida forma el uno al otro, la relación entre ellos puede florecer y convertirse en el matrimonio de sus sueños.

Carolina puede empezar a hacer consciente a Jaime de las necesidades profundas que ella tiene de amor, certidumbre y seguridad, sin sentirse egoísta por desear que se satisfagan dichas necesidades. Por desgracia, al paso que va esa pareja, no pasará mucho tiempo antes de que se unan a los tantos matrimonios que se divorcian cada año.

¡Pero no te desesperes! *Tu* matrimonio *no* tiene por qué llegar a ser parte de esas pavorosas estadísticas. Con las herramientas apropiadas, *puedes* cincelar una relación más satisfactoria partiendo de otra que parece desesperada; y este libro te proporcionará muchos de esos instrumentos. Pero éstos por sí solos nunca lograrán que se haga el trabajo —si han de producir el resultado deseado hay que tomarlos y utilizarlos *del modo apropiado y sin cejar.*

Si tu esposo está dispuesto a trabajar a tu lado, tanto más pronto se fortalecerá tu matrimonio; esa es la razón de que yo crea que el beneficio máximo resultará cuando se utilice este libro juntamente con aquel que va dirigido a tu esposo —*(El gozo del amor comprometido - Tomo 1)*. Cuando un esposo comprende las necesidadees de su esposa y aprende el modo de satisfacerlas, la relación crecerá más rápidamente.

Aconsejando, he descubierto que *si* consigo que el esposo haga su parte *primero*, es mucho más fácil que la esposa cumpla con sus responsabilidades en la relación poniendo un entusiasmo y una dedicación mayores. Desafortunadamente, por lo general las mujeres están más interesadas en profundizar sus relaciones conyugales que los hombres. Esa es la razón de que el libro sobre ti se escribió antes —sentí que *tú* serías la que tuvieras un interés mayor en fortalecer tu matrimonio y quien iniciaría el cambio en la relación.

También creo que tú serás la *clave* que motive a tu esposo a leer su propio libro; por consiguiente, todo un capítulo del presente tomo (capítulo 5) explica la manera de hacer que él se interese en llevar a cabo esto mismo. Si tu esposo lee su correspondiente libro cuidadosamente, tengo la confianza de que *comenzará* a entender la persona tan especial que tú eres y a tratarte con mayor ternura, delicadeza, sensibilidad y comprensión.

Si tu relación con tu esposo es menos de lo que desearías que fuera, y él demuestra poco interés por tus sentimientos, quizás te resulte difícil al principio dar los pasos que se presentan en este libro. Sin embargo, si por el momento estás dispuesta a pasar por alto la falta de respuesta de tu esposo y a emplear algún esfuerzo suplementario, las ideas expuestas en el presente volumen *pueden dar resultado.* También tengo la confianza de que el deseo de tu esposo por obtener una relación mejor, aumentará en respuesta a los *cambios* que *vea* en ti.

Durante los últimos quince años he hablado a cientos de mujeres casadas, y encontrado que eran muy pocas las que no deseaban una mejora en sus relaciones con sus esposos. Algunas estaban más satisfechas que otras; pero la mayoría anhelaban esposos más amantes y románticos. Muchas decían que querían que sus esposos las amaran más que a ninguna otra persona o cosa. Puede que tú pienses: "Eso es imposible. ¡No hay hombre sobre la tierra que ame de esa manera!" Pero he visto personalmente a un número creciente de esposos transformados en amantes "imposibles". De hecho, mi esposa vio cómo lo imposible se hacía realidad hace varios años.

## Una razón importante de que los matrimonios fracasen

Con demasiada frecuencia, la gente se casa antes de adquirir el conocimiento y las habilidades necesarias para cuidar de su cónyuge —para satisfacer las necesidades emocionales, mentales y físicas de éstos. Una de las ironías de nuestra sociedad es que para obtener una licencia para cualquier oficio haya que pasar por algunos años de aprendizaje; pero que no se exija ninguna preparación para conseguir una de matrimonio. Nuestro sistema educativo ni siquiera requiere cursos de comunicación, que son fuandamentales para el desarrollo significativo de cualquier relación. Como resultado de ello, muchos hombres y mujeres comienzan la vida de casados sin virtualmente ningún conocimiento acerca de cómo satisfacer las necesidades emocionales y mentales *básicas* de sus parejas; y debo confesar que me encontraba ciertamente entre los faltos de preparación cuando contraje matrimonio. Les ha llevado mucho tiempo a mi esposa Norma, y a mis amigos, el ayudarme a llegar a ser un esposo más amoroso.

Es típico el que un hombre se case sin saber *cómo* hablar a su esposa. Algunos esposos, ni siquiera están enterados de que sus esposas *necesitan* una comunicación íntima; y a menudo un esposo no se percata en absoluto del temperamento sensible de su esposa. El hombre no sabe que las cosas que él considera triviales, pueden ser sumamente importantes para ella; como en el caso de los aniversarios y los días de fiesta. Tampoco entiende por qué tales cosas *son* especiales para su esposa, y por lo tanto es incapaz de satisfacer las necesidades de ésta. Muchos hombres no comprenden los ciclos físicos de las mujeres, ni los cambios hormonales que ellas experimentan; ni se dan cuenta de cómo el hogar, los hijos, la familia y los amigos de una mujer se convierten en una parte entretejida de su identidad.

También muchas mujeres se casan con esa clase de desventajas. No comprenden que para un hombre la admiración supone lo mismo que para ellas el romanticismo; ni se dan cuenta de que los hombres por lo general se apoyan más bien en el razonamiento que en la sensibilidad intuitiva.

Es obvio entonces, que si al esposo o a la esposa le falta el conocimiento y las habilidades esenciales para satisfacer el uno las necesidades del otro, éstas se quedarán sin satisfacer. Uno de los grandes siquiatras de nuestros días —el doctor Carlos Menninger—, dijo que cuando no se satisfacen nuestras necesidades básicas, nos movemos en una de dos direcciones: "huimos", o "peleamos". La mujer que decide "huir", desde luego no escapa a sus problemas. A medida que corre comienza a dudar de su valía personal. Por otro lado, si hace la decisión de "pelear", puede convertirse en una machacona sin atractivo para su esposo.

Personalmente, creo que el matrimonio ideal se desarrolla cuando la esposa se concentra en satisfacer las necesidades de su esposo y viceversa. Tal combinación forma las cualidades duraderas de una relación solícita.

Este libro se ha escrito para mostrar a las mujeres cómo pueden motivar a sus esposos con objeto de mejorar su relación conyugal. Los cambios no ocurren de la noche a la mañana; pero los principios que aparecen en el presente volumen han sido comprobados con el paso del tiempo en miles de matrimonios. Sé que dan resultado. Si una mujer está dispuesta a dedicar el tiempo y la energía necesarios para aplicarlos, estoy seguro de que verá transformarse su matrimonio más en lo que ella desea.

Si uno quiere llegar a ser un gran pintor, debe consagrarse a ello. Lo primero es aprender a dominar las técnicas y los procedimientos esenciales de la pintura. Luego, una vez que ha pintado cientos de lienzos, puede exponer su obra para que sirva de inspiración a los artistas jóvenes. De la misma forma, creo que este libro te proporcionará gran parte de las técnicas y de los procedimientos esenciales que son fundamentales para hacer de tu matrimonio —dedicando tiempo y esfuerzo— un ejemplo vivo que otros puedan seguir.

Ya que este libro se ha escrito para satisfacer las necesidades de miles de personas, algunos de los principios e ideas que contiene son, naturalmente, generales y de largo alcance. Es imposible que conteste todas las preguntas específicas que cada mujer querría hacer; pero intenta tratar los aspectos más importantes del amor y del matrimonio.

## *Para meditación personal*

¿Por qué es una esposa tan importante para su esposo? (Véase Génesis 2:18; Mateo 22:36–40).

## 2. Ocho formas en que el esposo hiere a su esposa

*"Y si siete veces al día pecare contra ti, y siete veces al día volviere a ti, diciendo: Me arrepiento; perdónale"* (Lucas 17:4).

En un viaje en avión de Filadelfia a Nueva Orleáns, mencioné a una de las azafatas que estaba escribiendo un libro acerca del matrimonio, explicándole que uno de los capítulos trataba de las formas en las que los hombres hieren a las mujeres sin ni siquiera hacerse cargo de ello. Antes de que pudiera darme cuenta, me habían llevado a primera clase y tres azafatas me estaban contando todas las maneras en las que sus ex esposos las habían ofendido. Las tres parecían asombradas de que un hombre no pudiera comprender como palabras y acciones que ellos consideraban tan inocentes, les habían infligido heridas que como mujeres no podían olvidar jamás.

En el caso de la mayoría de las parejas a las cuales aconsejo, raramente transcurre una semana sin que el esposo diga o haga involuntariamente algo que ofende a su esposa. Las siguientes historias verídicas ilustran *ocho* formas en las cuales los esposos ofenden a sus esposas... ¡sin ni siquiera saberlo! Sin embargo, he visto a hombres *dejar de* causar tales heridas cuando sus esposas comienzan a aplicar algunos de los principios apropiados de los que trato en detalle más tarde.

### Te critica con frecuencia

**José era un experto en encontrar los defectos de Sara.**

Sara acababa de ponerse su traje de baño nuevo y estaba impaciente por llegar a la playa. Era el primer día de vacaciones de la pareja. Entonces entró José, quien pellizcándola en el costado dijo sin darle importancia: "Mejor será que tengamos cuidado con lo que comemos en este viaje". Al hombre le pareció algo inocente, pero Sara pensó que él estaba realmente diciendo: "Estás gorda y fea". La herida fue tan profunda que incluso hasta el día de hoy —cinco años y un divorcio más tarde— la mujer se siente sumamente cohibida en traje de baño (por extraño que parezca, Sara es una mujer atractiva y con buena figura).

Varias semanas después de que José profiriera aquel comentario, Sara decidió hacer algo en cuanto a su tipo; y llegó a la conclusión que el patinaje sobre hielo le proporcionaría el ejercicio que necesitaba. Cuando habló a José de su decisión, éste dijo con sarcasmo: "¿Qué quieres, llegar a ser campeona olímpica?" Para ella, su esposo estaba en realidad diciendo: "No puedo creer que seas tan tonta como para salir con una idea tan ridícula. No vales el dinero que ello costaría".

José no sólo llamaba la atención sobre su problema de peso, sino que también la criticaba por querer mejorar. Aunque no se daba cuenta, era capaz de encontrar faltas a cualquier cosa que Sara dijera o hiciera; y pensaba que podía motivarla a cambiar mediante los comentarios sarcásticos. Ya que una mujer no es dura e insensible por naturaleza, la crítica hiriente rara vez le proporciona la motivación que necesita para cambiar —por lo general, ésta trae consigo una desesperanza más profunda que hace disminuir el deseo de agradar a su esposo. Los capítulos 10 y 12 te mostrarán *cómo* puedes motivar a tu esposo para que sustituya sus críticas por el aprecio y el agradecimiento.

## No presta atención a tus palabras e ideas

**La única manera en la que Julia podría esperar conseguir la completa atención de Luis sería transformándose por arte de magia en un programa de televisión.**

Eran las once en punto de la noche, y Susana contestó el teléfono medio dormida. A través de la línea le llegaron los sollozos de su madre que se encontraba a miles de kilómetros de distancia.

—¿Qué pasa, mamá?

Su madre replicó: —Tengo que sacar 450 dólares de los ahorros y comprar a tu padre un nuevo aparato de televisión a color.

—¿Qué ha sucedido? —preguntó Susana que ya estaba del todo despierta.

—Desde hace varias semanas he estado intentando conseguir que me prestara atención durante el tiempo suficiente para explicarle un delicado problema que ha tenido tu hermana pequeña; pero no he logrado arras-trarle lejos del televisor bastante rato como para decírselo. Por último no he podido soportarlo más; he entrado en la salita con un martillo, me he puesto entre él y la televisión, y de un golpe he hecho pedazos la pantalla.

—¡Mamá, pero el aparato hubiera podido explotar y haberte herido!

—Ya lo sé... realmente no me importaba; lo único que quería era que tu padre me escuchara. Pero, ¿sabes lo que ha hecho?

—¿Qué?

—No te lo vas a creer. Sencillamente se ha levantado, ha ido a la alcoba, ha cerrado la puerta con pestillo y ha encendido la televisión pequeña para continuar viendo el programa que había estado presenciando en la salita. No ha dicho ni una palabra; sólo se ha puesto de nuevo a hacer como si yo no existiera.

Este ejemplo puede parecer extremo; pero muchas esposas se sienten comprensiblemente ofendidas por la falta de atención de sus esposos. En ciertos casos, cuando la mujer comienza a hablar, parece casi como si dentro del cerebro de su esposo saltara un mecanismo que dice: "Es el momento de coger el periódico, encender la televisión, o empezar a tratar de resolver el problema más reciente que he tenido en el trabajo". El hombre puede demostrar su falta de atención concentrando la mirada en alguna otra cosa (por ejemplo en la mancha que hay en el mantel), o simplemente fijando la vista en los ojos de su esposa, sin expresión, mientras su mente se retira a otros patios de recreo.

SIN EMBARGO, cuando le toca hablar a él, no sólo exige la atención de su esposa, sino que espera que ella recuerde cada detalle —como si toda la conversación quedara grabada permanentemente en su cerebro.

Una mujer puede sentirse profundamente herida por la falta de aten-ción de su esposo, ya que le dice indirectamente que el hombre considera las preocupaciones de ella como algo insignificante y que carece de im-portancia.

No pierdas la esperanza. El capítulo 8 te enseñará a conseguir su completa atención de un modo permanente... ¡Y FUNCIONA!

## No asume suficientes responsabilidades familiares

**Miguel pensaba que su única responsabilidad consistía en traer a casa el salario.**

Un viernes por la mañana, a las 6:45, Miguel estaba solo y empezaba a despertarse; al oír a los niños gritar el uno al otro, se dio cuenta de que su esposa, Beatriz, había dejado abierta la puerta del dormitorio. "Me gustaría poder dormir siquiera una vez hasta las siete" —refunfuñó; y luego dijo vociferando: "Si piensas dejar la puerta abierta, ¿no podrías por lo menos mantener callados a los niños para que pudiera descansar un poco?"

Miguel no se paró a pensar que Beatriz llevaba una hora levantada, preparando los almuerzos de los niños, arreglando a éstos para la escuela y haciendo el desayuno, todo ello al mismo tiempo. Y tuvo la desfachatez de decir a su esposa que ni siquiera estaba realizando bien esto porque había dejado abierta la puerta e inquietado su sueño. *¿Por qué no se levanta y me ayuda? ¿Necesito yo acaso dormir menos que él? ¿Son los niños sólo responsabilidad mía?* —pensó ella.

Si el hombre hubiera tenido la audacia aquella mañana de llegar un paso más lejos y preguntarle a su esposa por qué nunca le preparaba un desayuno caliente, probablemente ella le hubiera dicho: "¡Si quieres un desayuno caliente, prende fuego a los copos de maíz!"

Como otros muchos hombres, Miguel piensa que su responsabilidad hacia la familia termina cuando sale de la oficina.

*Y lo mismo pasa con Tomás*

Juanita, una enfermera, volvió a su casa muy cansada después de estar trabajando tiempo extra en el hospital. Como de costumbre, su "bienvenida al hogar" consistió en platos sucios, ceniceros sin vaciar y confusión de todo un día desparramados por toda la casa. Cuando entró en el cuarto de estar, su esposo siguió mirando las noticias de las seis en la televisión y la saludó diciendo: "Me alegro de veras de que estés en casa; este lugar está empezando a parecer un basurero".

No pienses que eres la única mujer con un esposo que no ayuda mucho en la casa. Probablemente ni siquiera hablas de ello con tu esposo porque éste te hace creer una machacona. Con la habilidad que él tiene para recordarte lo duro que trabaja y cuánta tensión tiene que soportar, quizás hasta consiga que te sientas fracasada porque no puedes hacer las cosas adecuadamente por ti misma.

El capítulo 13 debería suponer precisamente las buenas noticias que necesitas para ayudar a tu esposo a asumir una parte justa de las responsabilidades del hogar. Y sin tener que sermonearle en absoluto.

## Tus necesidades y deseos están siempre después de sus propias actividades

**Federico estaba invariablemente demasiado ocupado con alguna otra cosa cuando su esposa le necesitaba; pero siempre encontraba tiempo para ver la televisión, leer el periódico o salir con los amigos.**

Federico era un arquitecto rico, quien a menudo decía a su esposa que necesitaba varios días sin que le interrumpiera para planear un proyecto. Sin embargo, no le causaba ningún problema el hacer un alto en el trabajo para ver la televisión, jugar una partida de golf o ir a comer con sus amigos.

De hecho, aun cuando no estaba trabajando en ningún proyecto, por lo general se encontraba ocupado en aquellas cosas que él quería, en vez de dedicar tiempo a su esposa. Finalmente, ésta se *resignó* al hecho de que ella y su mundo no eran lo bastante importantes para competir por la atención y el compañerismo de su esposo.

Hay por lo menos seis formas en las cuales puedes aumentar el deseo de tu esposo por considerar tus necesidades. De ellas trata el capítulo 7.

## El trata de explicar tu dolor profundo, en vez de sólo intentar comprender los sentimientos que tienes e identificarse contigo

**Cuando Sandra hizo una abolladura al auto nuevo de Marcos, ella necesitaba el hombro de éste, no su lengua.**

Sandra se esfuerza mucho por tener un hogar agradable para su esposo e hijos. Cierta tarde, mientras metía el auto en el garaje, chocó contra un poste. Sabiendo que Marcos se enfadaría, cuando éste salió de la casa ella ya estaba llorando. El hombre habría podido convertirse en su caballero andante, si le hubiera puesto el brazo alrededor y dicho sencillamente: "No importa, querida, sé cómo te sientes. Olvídate del auto; yo me ocuparé de eso. ¿Qué puedo hacer para que te sientas mejor ahora?"

En vez de ello, Marcos llegó corriendo hasta el automóvil, miró la abolladura, levantó la vista hacia Sandra, y expresó: "¿En qué tienda conseguiste la licencia de conducir? Sal del auto y déjame estacionarlo". Luego siguió diciéndole lo elemental que es evitar los postes y entrar correctamente en el garaje.

Los hombres son grandes disertantes sobre cualquier tema: desde el perder peso hasta el cuidar de la casa. Pero, ¿cómo puedes conseguir que uno de ellos se baje del podio y aprenda a ofrecerte su hombro para que te reclines en el mismo mientras te consuela dulce y tiernamente? En el capítulo 10 explico tres pasos que puedes dar con objeto de enseñar a tu esposo a consolarte en esos momentos de tensión cuando se siente tentado a sermonearte o a hacer como si no existieras, y para motivarle a que lo haga.

## Actúa como si él fuera superior a ti

**Lorenzo siempre actuaba como si él fuera más listo e invariablemente tuviera mejores ideas que Ana.**

Tanto Lorenzo como Ana se habían graduado con honores en la universidad. El título de Lorenzo era en ingeniería, y el de su esposa en economía doméstica. Sin embargo, mes tras mes, el hombre decía y hacía cosas que producían en ella un sentimiento de no aportar al matrimonio ningún valor intelectual significativo. Lorenzo nunca aceptaba su consejo, aunque siempre estaba listo para expresar su opinión —aun cuando el asunto se relacionara con las áreas en que ella era experta. El hombre siempre podía decir a su esposa cómo realizar mejor las cosas: desde el cocinar hasta la decoración de las habitaciones; también acostumbraba a hacer comparaciones: entre su título y el de ella, entre la dificultad que presentaba su trabajo contra lo fácil que era el de la mujer, etc.; y constantemente demostraba a su esposa que ni apreciaba sus cualidades ni respetaba sus talentos. Esencialmente la hacía sentirse como un felpudo de puerta.

Dios nunca creó a ninguna mujer para que fuera un felpudo de puerta; su destino es ser una parte vital y vivificante del hogar. Las mujeres tienen muchas cualidades preciosas y naturales que no poseen los hombres. En el siguiente capítulo se detallan algunas de esas cualidades; y el 11 y 12 explican cómo puede tu esposo ganar un respeto y una admiración auténticos por tu personalidad sin igual.

## Muestra preferencia por otras personas antes que por ti

**Parecía natural para Bernardo el que defendiera a Juan; después de todo, era su mejor amigo.**

No había estado Karen casada con Bernardo por mucho tiempo, cuando comprendió que nunca debía expresar su falta de aprecio por ninguno de los amigos o de los parientes de su esposo. Cierto día, volvió a casa del trabajo y se encontró a Karen metiendo a toda prisa un pollo en el horno. Eso le encantó, ya que significaba que tendría un rato para jugar con Juan a tirarse la pelota de rugby. Mientras salía, dijo a su esposa que iba a casa de aquél. "Le odio" —contestó ella—. "Siempre pasas tiempo con él en lugar de conmigo cuando llegas a casa". Bernardo se paró en seco allí mismo y volvió a entrar. Luego, dijo a su esposa que debería darle vergüenza, después de todo lo que Juan había hecho por ellos. Su ánimo los había mantenido juntos cuando eran novios, y también los había ayudado a través de los difíciles primeros meses del matrimonio. Ahora, ella actuaba de un modo inmaduro e infantil, atacando a aquél que se había portado más como un hermano que como un amigo.

Cuando Karen comenzó a llorar, Bernardo pensó que comprendía aquello que él estaba queriendo dejar claro; creyó que su esposa se sentía avergonzada. ¡En absoluto! Su declaración decía a Karen fuerte y claramente que su esposo prefería a Juan antes que a ella como persona y como compañero. Y a medida que el tiempo fue pasando, supo por las palabras, las acciones y las actitudes de Bernardo que éste tenía predilección por mucha gente antes que por ella: parientes, socios, amigos, secretarias, e incluso conocidos casuales. Nunca la defendía delante de nadie, y sin embargo siempre salía en defensa de cualquier otra persona en cuanto la mujer expresaba alguna crítica.

Te alegrará saber que ahora, años más tarde, Bernardo invariablemente prefiere a Karen sobre todos. Siempre que hay un desacuerdo entre ella y cualquier otra persona (incluso la madre de él), Bernardo se pone de parte de su esposa y trata de ayudar a quien sea a ver el asunto desde el punto de vista de ella. De hecho, algunos de sus mejores amigos no pueden comprender por qué se divierte tanto y pasa más tiempo de esparcimiento con Karen que con ellos. En el capítulo 16, trato de cinco cosas prácticas que puedes hacer las cuales inspirarán a tu esposo a preferirte antes que a cualquier otra persona.

## No se esfuerza por añadir romanticismo a la relación mutua

**Mariana todavía no puede olvidar "el día" que Francisco olvidó.**

Francisco estaba en un viaje de negocios, pero Mariana sabía que pronto habría de recibir una llamada, una tarjeta o un telegrama, o quién sabe si incluso un ramo de flores suyo, deseándole feliz cumpleaños.

Cuando, alrededor de las doce del mediodía, llegó el correo, ella corrió al buzón, pero allí no había ninguna tarjeta de Francisco. Al principio, se sintió decepcionada; sin embargo, luego comprendió que probablemente él había decidido hacer algo más original. Después de todo, según decían sus socios, era uno de los hombres más creativos de la compañía.

Hacia las seis de la tarde, Mariana descartó las flores y el telegrama, ya que habían pasado las horas de trabajo. *Debe estar planeando una llamada* —pensó. Finalmente, se quedó dormida alrededor de las doce de la noche, sin que todavía hubiera nada. Al día siguiente, se sentía deprimida; pero imaginó que probablemente él le traería una sorpresa cuando volviera a casa: cuando regresó, lo hizo con las manos vacías —se había olvidado por completo de su cumpleaños. Ella nunca dijo nada; pero aún ahora —después de dieciséis años casados—, todavía no lo ha olvidado. De hecho, Mariana hace la confidencia de que él ya no tiene los gestos románticos de cuando eran más jóvenes. La mayor parte del romanticismo —las "pequeñas cosas" inesperadas— han desaparecido.

¿No es asombroso que algunos hombres que son tan románticos antes de contraer matrimonio puedan después llegar a serlo tan poco? Casi parece como si les quitaran una parte de su cerebro al decir "Sí" en la boda. Literalmente, no pueden recordar cómo ser románticos. Cuando se les confronta directamente acerca de ello, se apresuran a contestar: "Bueno, ¿qué quieres que haga? ¿Comprarte flores o algo así?" Como si hubiera alguna cosa que pudieran hacer para poner todo en orden. ¿Verdad que es irónico? Probablemente no tenías que darles ni siquiera una sugerencia romántica antes de casarse; pero ahora necesitan una educación completa.

Otras acciones y comentarios pueden infligir heridas, causando una depresión y una desesperanza profundas. Algunos de los dolores más agudos que sientes proceden de ser criticada por simplemente responder a ciertas de las características más negativas de tu esposo. Durante años, pensé que un amigo mío muy íntimo estaba casado con una "machacona"; pero luego me di cuenta de que los sermones de ella eran en parte el resultado de la irresponsabilidad y de la pereza de su esposo en muchas áreas.

Otra amiga, me dijo que deseaba poder explicar a su esposo que él la había entrenado para que gritara: se trataba de la única manera en que podía captar toda su atención, tan fugaz como ésta era. Me alegro de poder decir que ella aprendió la manera de conseguir la atención completa del hombre en forma constante de un modo que les ha proporcionado estímulo a ambos.

El propósito de este libro es equiparte, con pasos positivos de acción que edificarán y fortalecerán tu relación matrimonial, a la vez que la llenan de amor genuino y duradero. No pienses que es muy tarde. He visto reconstruidos demasiados matrimonios que eran, según se creía, "causas perdidas". Y lo fueron, por encima de las expectativas más descabelladas de la esposa. Y el tuyo no tiene por qué ser la excepción.

Sin embargo, antes de que podamos seguir adelante, hay varias diferencias entre los hombres y las mujeres de las que raras veces se habla, las cuales deben comprenderse con objeto de hacer una valoración cabal de los principios que trataremos más tarde.

## Para meditación personal

El concepto bíblico del perdón tiene *dos* propósitos fundamentales:

1. liberar a la persona del justo sentimiento de culpabilidad y de las consecuencias de sus acciones en cuanto respecta a nosotros; y
2. liberarla asimismo de la causa básica de su comportamiento ofensivo.

¿Has considerado el compromiso de ayudar realmente a tu esposo para que comprenda de qué maneras te ofende, y también para que se libere de aquello que le hace ser ofensivo?

El perdón es un proceso que dura toda la vida (Mateo 18:21, 22). ¿Cuántas veces perdonamos a otros?

# 3. Razones ocultas por las que los hombres actúan como lo hacen

*"Y la mujer respete a su marido" (Efesios 5:33).*

¿Cómo puede un hombre decir a su esposa algo que hiere a ésta en lo más íntimo, y una hora más tarde esperar que la mujer responda de un modo romántico a sus requerimientos de amor? ¿Por qué se siente obligado a sermonear a su cónyuge cuando ve que los sentimientos de ella están heridos? ¿Cómo es capaz de estar acostado al lado de su desconsolada esposa y darle un tratamiento silencioso, cuando ésta necesita tan desesperadamente su compasión e interés?

Tales situaciones no son la excepción, sino la norma, en los matrimonios de hoy. Cuando las parejas vienen a mi oficina en busca de ayuda, por lo general se quedan sorprendidos de que no caiga de mi silla completamente conmocionado al expresarme sus sentimientos. No pueden creer que sus experiencias sean comunes a las de otros. Cada matrimonio, y cada persona, son únicos; pero los problemas que experimenta la gente son prácticamente universales.

Muchas de las dificultades que tienen las parejas están basadas en un simple hecho: los hombres y las mujeres son TOTALMENTE diferentes. Sus diferencias —emocionales, mentales y físicas— son tan extremas, que si un esposo y su esposa no aplican un *esfuerzo concentrado* para conseguir una comprensión realista el uno del otro, resulta casi imposible que tengan un matrimonio feliz. Cierto siquiatra famoso dijo en una ocasión: "Después de treinta años de estudiar a las mujeres, me pregunto: ¿Qué es lo que quieren en realidad?" Si esta fue su conclusión, imagínate lo poco que tu propio esposo sabe verdaderamente acerca de ti.

El propósito de este capítulo es ayudarte a comprender algunas de las diferencias que hay entre ti y tu esposo; y que son las responsables de muchos de los problemas que tienen. Este capítulo debería resultarte alentador, ya que te capacitará para que veas *por qué* él hace muchas de las cosas que te hieren. Es muy posible que hayas supuesto siempre que a tu esposo no le importa si te hiere o no.

El hecho es que él es hombre; y que muchas de las acciones injuriosas y endurecidas de las que has sido testigo, son sencillamente el resultado de su temperamento básico de varón. Eso no significa que te tengas que resignar a vivir con un hombre endurecido e insensible —muy al contrario. Una vez que comprendas algunas de las diferencias fundamentales de las cuales vamos a tratar, serás capaz de ayudarle para que él equilibre sus características naturales.

Antes de que consideremos las diferencias fisiológicas y sicológicas precisas, déjame llamarte la atención acerca de aquellas disparidades que son generales y de la manera en que afectan a tu relación conyugal. El mejor ejemplo en que puedo pensar para ilustrar estas diferencias es comparar a una mariposa con un búfalo. La mariposa tiene una aguda sensibilidad; es sensible incluso a la brisa más ligera. Revolotea por encima del suelo, desde donde puede obtener una comprensión panorámica de lo que la rodea. Repara en la belleza de las flores aun más pequeñas. Gracias a esa sensibilidad, está continuamente consciente de los cambios que tienen lugar a su alrededor; y es capaz de reaccionar a la más pequeña variación de su ambiente. Por lo tanto, una mariposa reacciona con rapidez a cualquier cosa que pudiera herirla (intenta alguna vez cazar una sin cazamariposas). En caso de pegársele con cinta adhesiva una piedrecilla minúscula a una de sus alas, la mariposa quedaría gravemente lesionada y por último moriría. El búfalo es otra cosa. Es rudo y endurecido. No reacciona a la brisa; ni siquiera resulta afectado por un viento de 50 kilómetros por hora. Simplemente sigue con lo mismo que estaba haciendo. No es consciente de las flores más pequeñas, ni tampoco parece ser sensible a los ligeros cambios en lo que le rodea. Pégale con celo una piedra en su lomo y probablemente ni siquiera la notará. Los búfalos no tienen "el corazón corrompido" sólo porque van por ahí pisando bonitas flores. De hecho, su rudeza es tremendamente valiosa. Una vez que se le han puesto los arneses, un búfalo es capaz de tirar de un arado que no pueden arrastrar cuatro hombres hechos y derechos.

La analogía debería ser clara: tu esposo es el búfalo (¡no digas amén demasiado fuerte!), y tú la mariposa. Puede que él tenga la tendencia de "arar" a través de las circunstancias; mientras que tú "sientes" la vida y lo que la rodea con una sensibilidad mucho mayor. La "piedrecita en el ala de la mariposa" puede tomar la forma de un comentario sarcástico, una crítica mordaz, o incluso una actitud de indiferencia. Sea lo que sea, puede herirte e incluso quebrantarte; en tanto que él tal vez ni siquiera se haya dado cuenta de lo que ha hecho.

La semejanza acaba aquí, ya que el búfalo no puede nunca llegar a tener ninguna de las sensibilidades de la mariposa, ni ésta se beneficiará nunca con la fuerza del búfalo.

Pero ese no es el caso en tu matrimonio. Tu esposo PUEDE aprender a ser delicado, sensible y romántico; pero probablemente no aprenderá solo; ésta es la razón de haber escrito el presente libro para mostrarte de qué manera puedes ayudarle. Debes darte cuenta de que tu esposo no comprende en realidad cuánto afectan a tus sentimientos sus palabras sarcásticas o sus actitudes indiferentes. Puede llegar a saberlo; pero tienes que ayudarle.

Echemos ahora un vistazo a algunas de las diferencias que existen entre los hombres y las mujeres. Vamos a hablar de diferencias mentales, emocionales, físicas, sexuales e intuitivas. Cada sección no es en modo alguno exhaustiva; pero por lo menos te dará una mejor comprensión de las disparidades que tendemos a pasar por alto.

## Diferencias mentales/emocionales

Las mujeres tienden a ser más "personales" que los hombres, tienen un interés más profundo en la gente y en los sentimientos—; mientras que éstos suelen preocuparse más por los asuntos prácticos que se pueden comprender mediante deducción lógica.

El doctor Cecil Osborne, dice que las mujeres tienden a convertirse en "una parte íntima" de la gente que conocen y de las cosas que las rodean; entran en una especie de "unidad" con su ambiente. Aunque un hombre también se relaciona con la gente y las situaciones, por lo general no permite que su identidad se entreteja con ellas. De algún modo, los hombres permanecen aparte. Esta es la razón de que una mujer que considera su casa como una extensión de su propia persona, puede sentirse herida cuando otros critican la misma. (Cierta mujer que tiene alrededor de los cincuenta y cinco años, expresaba que le gusta recibir una tarjeta o flores de su esposo porque tales cosas la separan de su identidad con la casa y la familia. El regalo la distingue como individuo

—con su propia personalidad y su propio valor.)

Debido a la identificación emocional de la mujer con la gente y los lugares que la rodean, ella requiere más tiempo que un hombre para adaptarse al cambio. Los hombres pueden deducir lógicamente los beneficios de cierto cambio, y quedar "entusiasmados mentalmente" en cuanto a éste en cosa de minutos. Sin embargo, no sucede así con una mujer. Esta se concentra en las consecuencias inmediatas de dicho cambio, y en las dificultades que puede suponer para ella y su familia; por lo tanto necesita tiempo para superar el ajuste inicial antes de poder empezar a entusiasmarse con las ventajas de la nueva situación.

Esteban y Loli habían estado luchando para ganar el dinero suficiente con objeto de poner comida en la mesa. El pequeño negocio del hombre demandaba de él que trabajara dieciocho horas diarias, y ella estaba dedicando por lo menos ocho horas todos los días (aun cuando se hallaba embarazada de siete meses). Luego, un día, Esteban viajó en avión al este del país para mostrar sus ideas comerciales a un multimillonario; éste quedó impresionado con las mismas y le hizo una oferta generosa. El hombre estaba impaciente por llamar a su esposa y darle a conocer las magníficas noticias.

A Esteban le llevó menos de cinco minutos aceptar la oferta —era la única cosa "razonable" que podía hacer. Luego, llamó a Loli por teléfono y le dio las noticias en orden "lógico" para que también ella pudiera entusiasmarse como él lo estaba. "En primer lugar" —le hizo saber— "ya no tendrás que trabajar. Segundo: Me va a dar el 20 por ciento de los beneficios (dice que seré millonario en un año). Y tercero: No te vas a creer lo bonito que es esto —y él va a pagar todos los gastos de la mudanza".

Esteban se quedó asombrado cuando Loli comenzó a llorar incontrolablemente. Al principio pensó que su llanto era de alegría (ya sé que resulta difícil de creer, pero recuerda que los hombres pueden ser como los búfalos).

Tan pronto como ella pudo recobrar el aliento entre sollozo y sollozo, tuvo la oportunidad de preguntar algunas cosas que Esteban consideró totalmente ridículas (de hecho pensó que había perdido la cabeza). La mujer hizo preguntas como: "¿Y qué pasará con nuestros padres?"; "¿qué de nuestro apartamento? Acabo de terminar la habitación para el bebé". A la tercera pregunta, Esteban —con toda su "sensibilidad" masculina— terminó bruscamente la llamada telefónica. ¡Loli había tenido la desfachatez de preguntarle si se había olvidado de que estaba embarazada de siete meses!

Después de dar a su esposa una o dos horas para recuperarse, volvió a llamarla. Ella ya había recobrado la calma y estuvo de acuerdo en trasladarse al este, dejando a sus padres, sus amigos, su médico y las clases para el parto, y el cuarto de su primer hijo en el que tanto tiempo había empleado.

A ella le llevó casi ocho meses en adaptarse al cambio al cual Esteban se había ajustado en unos minutos. El nunca ganó su millón. El negocio fracasó ocho días antes de que naciera su primer niño; y la pareja se trasladó de nuevo a otro lugar, todavía a 5.000 kilómetros de casa. Con el tiempo, el hombre aprendió la lección, y hoy no hace ningún cambio importante sin que Loli esté completamente de acuerdo. Además, trata de darle a ella el tiempo suficiente para que se adapte a otros cambios tan pronto como puede preverlos. Sin embargo, Esteban nunca olvidará los sacrificios amorosos que su esposa ha hecho tantas veces; e incluso se da cuenta de que preguntas como: "¿Qué pasará con nuestros padres?" o: "¿Y qué de la habitación del niño?", pueden tener más significado que el dinero.

## Diferencias físicas

Según el doctor Paul Popenoe, fundador del American Institute of Family Relations (Instituto Norteamericano de Relaciones Familiares), en Los Angeles, se podría llenar un libro con las diferencias biológicas entre los sexos, sin contar con aquellas que están relacionadas con la reproducción. He aquí algunas de dichas diferencias.

Los hombres y las mujeres son diferentes en cada una de las células de sus cuerpos. Esta diferencia en la combinación cromosómica es la causa fundamental de que se desarrollen en varón o hembra, según el caso.

Las mujeres tienen una mayor vitalidad constitucional, quizás debida a esta diferencia de los cromosomas. En los Estados Unidos, viven por lo general tres o cuatro años más que los hombres.

Normalmente, su metabolismo básicamente es más lento que el de los varones.

Los hombres y las mujeres difieren en su estructura esquelética. Estas últimas tienen usualmente la cabeza más corta, la cara mayor, una barbilla menos prominente, las piernas más cortas y el tronco más largo.

También hay diferencias internas entre ellos. Las mujeres poseen un estómago, unos riñones, un hígado y un apéndice más grandes; pero sus pulmones son más pequeños que los de los hombres.

En cuanto a funciones físicas, las mujeres tienen varias importantes de las que los varones carecen totalmente; la menstruación, el embarazo y la lactancia. También sus hormonas son diferentes y más numerosas que las de los hombres. Esas diferencias hormonales influyen el comportamiento y los sentimientos.

La glándula tiroides se comporta de un modo diferente en cada uno de los sexos. Las mujeres tienen una tiroides mayor y más activa; por consiguiente se agranda durante el embarazo y la menstruación, las hace más propensas al bocio, les proporciona resistencia al frío, y se asocia con la suavidad de su piel, su cuerpo relativamente sin vello y su fina capa de grasa subcutánea.

La sangre de las mujeres contiene más agua que la de los hombres (20 por ciento menos glóbulos rojos). Ya que son los glóbulos rojos quienes suplen el oxígeno a las células del cuerpo, las mujeres se cansan más fácilmente y son más dadas a desmayarse. Por lo tanto, su vitalidad contitucional es estrictamente un asunto de largo alcance. Cuando durante la guerra la jornada laboral se aumentó en las fábricas inglesas de diez a doce horas, los accidentes se incrementaron en un 150 por ciento entre las mujeres, pero nada en absoluto entre los hombres.

En fuerza bruta, los hombres están por encima de las mujeres con un 50 por ciento más.

Los corazones de las mujeres laten más rápidamente (80 latidos por minuto contra 72 en los varones). Su presión sanguínea (10 puntos más baja que la de los hombres) varía de minuto a minuto; pero tienen mucha menos propensión a tener presión alta que los varones —por lo menos hasta después de la menopausia.

Las mujeres poseen una capacidad respiratoria sensiblemente menor que la de los hombres.

Las mujeres soportan temperaturas elevadas mejor que los varones, ya que su metabolismo disminuye menos de velocidad.

## Diferencias sexuales

El impulso sexual de las mujeres tiende a estar relacionado con sus ciclos menstruales; mientras que el de los hombres es bastante constante. La hormona testosterona juega un papel muy importante en cuanto a estimular el deseo sexual de los varones.

La mujeres son estimuladas mayormente por el toque y las palabras románticas, y se sienten atraídas mucho más por la personalidad del hombre; mientras que los hombres son excitados por la vista. Los varones por lo general son menos exigentes en cuanto a las mujeres por las que se sienten atraídos físicamente.

Mientras que un hombre necesita poca o ninguna preparación para la relación sexual, la mujer precisa ser preparada emocional y mentalmente; a menudo horas antes. Dicha preparación requiere una consideración tierna; en tanto que la aspereza o el trato abusivo, puede quitarle fácilmente el deseo durante varios días. Cuando las emociones de una mujer han sido pisoteadas por su esposo es posible que ésta llegue casi hasta experimentar repugnancia por los requerimientos de amor del hombre. Muchas mujeres me han dicho que se sienten como prostitutas cuando se ven obligadas a hacer el amor mientras albergan resentimiento hacia sus esposos. Sin embargo, puede que un hombre no tenga NI idea de aquello por lo que está haciendo pasar a su esposa cuando lo hace.

Esas diferencias básicas son la causa de muchos conflictos en el matrimonio; y por lo general salen a la superficie poco después de la boda. La mujer tiene, intuitivamente, un conocimiento mayor de cómo desarrollar una relación amorosa; y debido a su sensibilidad, al principio, es por lo general más considerada con los sentimientos de él y entusiasta en cuanto a desarrollar unos lazos significativos a diferentes niveles: es decir una relación conyugal que tenga más facetas que meramente la de ser compañeros en el aspecto sexual. Ella desea ser una amante, el mejor amigo de su esposo, su admiradora, una ama de casa, y una compañera apreciada. El hombre, por su parte, no tiene generalmente ese conocimiento intuitivo de lo que su relación debería llegar a ser. El no posee esa intuición para saber cómo puede animar y amar a su esposa, o cómo ha de tratarla para satisfacer sus necesidades más profundas.

Ya que los hombres no tienen una comprensión de esas áreas vitales por medio de la intuición, deben depender *exclusivamente* del conocimiento y de las habilidades que han adquirido en cuanto a las mismas antes de casarse. Por desgracia, nuestro sistema educativo no provee un programa de preparación adecuado para los varones jóvenes antes del matrimonio. Quizás su única educación consiste en el ejemplo que han observado en su hogar; y puede que dicho ejemplo haya sido insuficiente. La mayoría de los hombres comienzan su vida de casados sabiendo todo acerca del sexo, pero muy poco del amor genuino y abnegado. Tal vez el ejemplo tuyo y tu ayuda sea la única esperanza que tenga tu esposo de adquirir el conocimiento y las habilidades necesarios para amarte y amar a tus hijos de la forma que necesitan ser amados.

No estoy diciendo que los hombres sean más egoístas que las mujeres; sino simplemente que al principio de su vida matrimonial, un hombre no está tan bien equipado para *expresar* el amor desinteresado como una mujer (tú y yo sabemos que las mujeres pueden ser exactamente igual de egoístas que los varones).

## Diferencias intuitivas

Norberto estaba planeando invertir más de 50.000 dólares en una oportunidad de negocio que era "cosa segura". Había examinado la misma desde todos los ángulos, y deducido lógicamente que no podía fallar. Después de firmar el contrato y extender un cheque a la otra partida, decidió que ya era hora de hablarle a su esposa acerca de la inversión.

Al oír unos pocos detalles del asunto, su esposa se sintió inmediatamente intranquila acerca del mismo. Cuando Norberto percibió su intranquilidad, se enojó y le preguntó por qué se sentía así. La mujer no podía dar una razón lógica, ya que no tenía ninguna; lo único que sabía era que aquello no "encajaba". El cedió, volvió a la otra partida interesada, y pidió que le reembolsara el dinero. Le dijeron que estaba loco, pero consiguió que le devolvieran el dinero. Poco después, TODOS los organizadores e inversores fueron encausados por el gobierno federal. La intuición de su esposa, no sólo le había ahorrado 50.000 dólares, sino que quizás también le evitó ir a la cárcel.

¿Qué es exactamente eso lo de la "intuición femenina"? No se trata de algo místico, sino más bien de una percepción inconsciente de detalles menudos que a veces son tangibles, y otras de carácter abstracto. Ya que se trata por lo general de un proceso "inconsciente", muchas veces las mujeres no son capaces de dar una explicación específica del por qué se sienten de una manera determinada. Unicamente perciben o "sienten" algo acerca de cierta situación o persona; mientras que los hombres tienden a seguir el análisis lógico de las circunstancias o de la gente.

Confío en que, sabiendo que los hombres y las mujeres no pueden comprender las diferencias que existen entre ellos sin hacer un esfuerzo, este capítulo te habrá dado algo más de esperanza, de paciencia y de tolerancia en tu empeño por fortalecer y profundizar tu relación conyugal. Teniendo esto en mente, estamos listos para comenzar a descubrir de qué manera puedes ayudar a tu esposo para que se haga más sensible.

## *Para meditación personal*

Haz una lista de maneras específicas en las que difieres de tu esposo en cuanto a construir relaciones:

el uno con el otro
con tus hijos
con tus parientes
con tus amigos
con tu iglesia

## 4. Ayudando a tu esposo a hacerse más sensible

*"La blanda respuesta quita la ira; mas la palabra áspera hace subir el furor"* (Proverbios 15:1).

Después de veinticinco años de soltera, Sonia se iba a casar por fin con el hombre de sus sueños. Había estado saliendo con Gerónimo durante cuatro años, y pensaba que le conocía a fondo. Su noviazgo tuvo momentos buenos y malos, pero considerándolo todo, sabía que el amor que sentían el uno por el otro era tan fuerte, que vivir siempre felices sería tan natural como el despertarse por la mañana.

Por último llegó el día de la boda, y resultó exactamente de la manera en que lo había soñado: Gerónimo era realmente el Príncipe Azul. Luego vino la luna de miel; y casi inmediatamente Sonia comenzó a ver un lado de su esposo que no sabía que existiera. Al cuarto día del viaje de novios, Gerónimo decidió que a ella le gustaría ver el sitio donde él solía trabajar durante los veranos mientras estaba en la universidad; así que empezaron su excursión de 8 kilómetros hacia las Sierras Altas, a 2.400 metros sobre el nivel del mar (sin duda algo que toda mujer sueña hacer en el cuarto día de su luna de miel). Cuando llegaron a su destino, Sonia estaba agotada; pero ya que tenían que estar de vuelta en la cabaña al anochecer, sólo pudieron descansar un poco.

Al volver al campamento, la mujer tenía un nuevo concepto de lo que era el agotamiento físico; y ya que el Príncipe Azul también estaba cansado, se fueron inmediatamente a la cama (en realidad él saltó y ella llegó arrastrándose). Para su completa sorpresa, el Príncipe no quería dormir; sino que tenía cosas más emocionantes en mente. Desde aquel momento en adelante, ella comenzó a considerar el matrimonio como un creciente conflicto entre dos egos que querían ver sus propias necesidades satisfechas antes de considerar las del otro.

Sonia se había casado pensando que Gerónimo estaría dedicado a satisfacer sus necesidades. Después de todo, él había dicho en sus promesas de boda que la amaría y la cuidaría en la alegría y en la aflicción, en la riqueza y en la pobreza, en la salud y en la enfermedad, hasta que la muerte los separara. Luego, en las promesas particulares que él mismo había escrito, dijo incluso que se comprometía a proveer para todas las necesidades de ella durante el resto de su vida. Pero aquellas promesas estaban llegando a ser rápidamente meras palabras ceremoniales, y las necesidades de Sonia pasando obviamente a ocupar un segundo lugar después de las del hombre.

Sonia pensó que podría cambiar a su esposo mediante la confrontación directa; demandando de diferentes maneras que se hiciera más considerado hacia las necesidades de ella. Pasados ocho años, las cosas sólo se habían puesto peor; y finalmente, la mujer se resignó al hecho de que su relación con Gerónimo no mejoraría nunca. Desde luego, él estaba convencido de que los problemas que tenían en su matrimonio eran culpa de su esposa; y la consideraba exigente y discutidora. Esta, según él, ya no le respetaba ni le apreciaba como cuando salían juntos.

Hoy, seis años después de aquello, Gerónimo ya no es el mismo esposo egocéntrico, desconsiderado y exigente que era; y a Sonia le brillan los ojos cuando habla de todas las maneras en las cuales él le muestra su amor a diario, y cómo considera los deseos de ella incluso por encima de sus propias necesidades. Gerónimo se ha convertido en el esposo sensible con el que siempre soñó. El le provee toda la fortaleza que pueda necesitar y aun así la ama con delicadeza y solicitud. ¿QUE SUCEDIO? Para expresarlo en pocas palabras: Sonia empezó a utilizar cinco importantes principios cada vez que abordaba a su esposo en cuanto a su insensibilidad hacia ella.

A nadie le gusta ser criticado, sin importar cuánta verdad haya detrás de dichas críticas. Ya seamos hombre o mujer, tengamos seis o sesenta años, automáticamente nos volvemos defensivos cuando alguien nos corrige; y aun así, la comunicación sincera es algo vital para un matrimonio. Esas dos verdades básicas parecen contradictorias. ¿Cómo puedes decir honradamente a la persona a quien amas que encuentras algo desagradable o irritante en ella sin incitar esa conocida mirada feroz defensiva o ese encogimiento de hombros indiferente?

TU ESPOSO PUEDE LLEGAR A SER MAS SENSIBLE POR MEDIO DE METODOS *INDIRECTOS*, QUE A TRAVES DE LA CONFRONTACION DIRECTA.

Los cinco principios siguientes esbozan dicha aproximación indirecta. Es muchísimo más probable que tu esposo acepte tus comentarios acerca de su insensibilidad, cuando los oye expresados mediante estos cinco principios.

1. *Aprende a expresar tus sentimientos a través de tres actitudes amorosas: el cariño, la empatía, y la sinceridad.* Estas son palabras corrientes, pero ¿qué significan? ¿Por qué son tan necesarias?

a. *Cariño* es la aceptación amigable de una persona. Es considerar a alguien lo bastante *importante* como para dedicarle el tiempo y los recursos de uno —compartir las preocupaciones que él o ella tiene, no porque se lo merezca, sino simplemente porque es un ser humano.

b. *Empatía* es la habilidad para comprender los sentimientos de una persona e identificarse con ella —ser sencillamente capaz de ponerse en el lugar del otro y ver la situación desde su punto de vista.

c. *Sinceridad* es mostrar un interés auténtico por la persona, sin cambiar su actitud hacia ella cuando cambian las circunstancias.

Quizás tu esposo se resistirá a que le ayudes a menos que *vea* en ti estas tres actitudes. Estas son algo que *todo el mundo* puede desarrollar. En el campo de la sicología, hay una creciente evidencia de que a menos que los siquiatras sean capaces de desarrollar estas tres actitudes en sus personalidades, sus pacientes tenderán a resistir la ayuda que les ofrecen. De hecho, muchos profesionales dicen que un amigo que tiene las tres actitudes mencionadas puede ayudar mejor a un paciente que un siquiatra que carece de ellas.

Lo que sucedió en la relación de Sonia con su esposo, está ahora ocurriendo en un sinfín de matrimonios; y *puede* suceder en el tuyo. El hecho emocionante, es que *no tienes que esperar* a que tu esposo cambie, aunque quizás sea él la causa principal de la mayoría de los problemas: puedes comenzar sola a poner las cosas en movimiento, ¡y los excitantes cambios de los que trata este libro *sucederán*!

2. *Aprende a compartir tus sentimientos cuando te encuentras enfadada o irritada SIN utilizar expresiones con el acusante "tú".*

El doctor Jerry R. Day, un sicólogo de Tucson, Arizona, aconseja enfáticamente a las esposas que eviten el empleo de expresiones con el acusante "tú". Por ejemplo: "Me pones mal", "siempre llegas tarde", o "tienes respuesta para todo". Esa clase de expresiones, hacen por lo general que un hombre se atrinchere y pelee o salga rápidamente de la presencia de su esposa sin resolver el asunto. Tanto lo uno como lo otro aumenta su determinación a salirse con la suya y te hace perder terreno en la situación.

La expresión: "Nunca llegas a casa a la hora", por ejemplo, tiende a hacerle razonar: "¿Quién es ella para establecer mi horario —acaso se cree el centro del universo? ¡Vendré a casa cuando quiera!"

El decir: "¿No puedes pensar en *mis* sentimientos para variar?", le hace reflexionar: "¡Sus sentimientos! ¿Y qué de los míos?"

O el que expreses: "¿No te puedes levantar más temprano y ocuparte de los niños por una vez?", puede hacer que él diga: "Es increíble lo que trabajo cada día para esta familia, y ahora quiere que haga también su parte".

3. *Aprende a ESPERAR hasta que tu ira o tus sentimientos de irritabilidad se hayan calmado antes de comenzar a tratar un asunto delicado.*

Sin importar lo que digas, ni cómo lo digas, si te encuentras airada o irritada, probablemente provocará una reacción indebida por parte de él. Mientras esperas a serenarte, quédate callada o bien cambia a otro tema del que puedas hablar. Si tu esposo quiere saber por qué estás silenciosa o por qué cambias la conversación, dile sosegadamente: "Necesito un poco de tiempo para pensarlo bien con objeto de poder comprender *mis* sentimientos".

(NO ESTOY diciendo que tengas que eliminar el sentimiento de ira de tu vida. Comprendo lo difícil que es luchar con la ira. Sin embargo, cuando tales ocasiones surgen, evita discutir un asunto delicado en el acaloramiento del enojo. De esa forma, ninguno cruzará palabras que lamentará más tarde.)

4. *Cuando te hayas calmado, sustituye las expresiones con el acusante "tú" por mensajes con la palabra "siento".*

He aquí unos pocos ejemplos de lo que quiero decir:

En vez de confrontar a tu esposo en cuanto entra por la puerta con un: "Nunca vuelves a casa a la hora", salúdale con una declaración positiva como: "Has debido tener un día muy duro", o: "Apuesto a que estás cansado". MAS TARDE (quizás hasta un día o dos después, en un momento en el que él esté relajado), comienza a compartir tus sentimientos en el contexto de tu individualismo como mujer. Si eres capaz de hacerlo en una forma creativa dentro de un contexto positivo, mejor aún. Por ejemplo, di algo así: "Sabes, hay ciertas cosas que haces, las cuales me hacen realmente sentir amada y apreciada: como que llegues a casa a la hora para cenar, o que me hagas saber que vendrás tarde. Esas son las maneras en las que me demuestras tu amor; y es algo que necesito de veras".

Y en lugar de despertar a tu esposo con las palabras: "¿No puedes levantarte temprano y ayudarme con los niños ni siquiera una vez?", espera una ocasión en la que él no esté cansado y prueba algo como esto: "Trabajas tanto para esta familia. . . Me gustaría tener tu vigor, para no necesitar de tu ayuda por las mañanas; pero realmente preciso de ella, o me temo que no tendré lo que se requiere para satisfacer tus necesidades; y el cuidar de ti está llegando a serme más importante que nunca antes". O también: "Trabajas tanto para esta familia, que detesto pedirte ninguna otra cosa; pero sé de algo que podrías hacer lo cual me haría sentirme super-especial. Con frecuencia me resulta difícil soportar la presión que supone preparar a los niños para la escuela. Si pudieras ayudarme con ellos antes de que se vayan al colegio, eso me haría realmente sentir que soy alguien muy especial para ti".

Al aprender a compartir tus sentimientos de una manera tranquila, acabarás poco a poco con la tendencia que él tiene a reaccionar mordazmente con ira. Esto puede tomar algún tiempo, pero si perseveras, observarás cambios. Realmente, el principio de que "la blanda respuesta quita la ira" (Proverbios 15:1), funciona; siempre que tu respuesta blanda no sea dicha con una actitud farisáica o sarcástica.

Deberías seguir compartiendo tus sentimientos hasta que tu esposo comprenda. Quizás tengas que decirle una y otra vez durante varias semanas que cierta acción suya te hace sentirte despreciable. Al principio, él defenderá sus actos, o te dirá por qué los sentimientos tuyos no son fundados o lógicos. Unicamente continúa explicándole que no estás tratando de justificar tus sentimientos, sino sólo intentando exponérselos sinceramente. El que tu esposo piense que son lógicos o no, no cambia el hecho de que tienes esos sentimientos precisos. Tú eres alguien única, e incluso si no hubiera otra persona en el mundo con tales sentimientos, él todavía necesita comprender como se siente *su esposa*.

5. *Abandona las expresiones con "Ya te lo dije".*

Tales expresiones pueden adoptar muchas formas y se deberían eliminar por completo, ya que reflejan arrogancia y egocentrismo, y sólo ponen obstáculos a tu matrimonio. He aquí algunas de las maneras de expresar "ya te lo dije".

"Si hubieras hecho lo que te pedía. . .".

"¡Ya lo sabía!"

"Exactamente como lo pensé".

"Sólo te pido que hagas una cosa y. . .".

"No lo puedo creer".

"Nunca haces caso, ¿verdad?"
"¿Lo veeeeeees?"
"Siempre tienes que hacerlo a tu modo, ¿no es
así?"
"Bueno, espero que estés satisfecho".
"No lo voy a decir...".
"Quizás algún día aceptarás *mi* consejo".
Indica por lo menos cinco maneras en las que has expresado "ya te
lo dije".

1. _____
2. _____
3. _____
4. _____
5. _____

Al empezar a aplicar algunos de los principios de los que hemos tratado en este capítulo, quizás tropieces con unos pocos fracasos o con algo de frustración. Algunos de tus esfuerzos más nobles pueden ser criticados o ridiculizados; pero no te rindas. Hay una regla antiquísima que veo demostrada a diario en matrimonios a lo largo y a lo ancho de la nación: Lo que se siembra, se cosecha. Si perseveras desarrollando y expresando las cualidades expuestas en este capítulo, por último las verás aparecer también en tu esposo.

El doctor Howard Hendricks dice que según revelan los estudios, es más probable que los niños sigan los ideales y las instrucciones de sus padres por lo que *ven* en éstos, que por lo que éstos les *dicen*. Creo que el mismo principio se aplica a la relación entre esposo y esposa. Cuando tu esposo vea en tu vida las cualidades que deseas que él tenga, se sentirá motivado a hacer de dichas cualidades una parte de su vida.

## Para meditación personal

Escribe en forma completa diez frases amables que podrías utilizar durante momentos irritantes con tu esposo. Recuerda Proverbios 15:1.

## 5. Motivando a tu esposo para que te escuche

*"Porque el siervo del Señor no debe ser contencioso, sino amable para con todos, apto para enseñar. . ." (2 Timoteo 2:24).*

Luisa tenía un matrimonio bastante bueno según las normas de hoy. Consideraba que su esposo mantenía debidamente a la familia, y que era un padre excelente. Sin embargo, el romanticismo había desaparecido de su relación conyugal; y los sentimientos de cariño que ella tenía por Marcos eran muy inconsistentes. La mujer decidió entonces hacer todo lo que estuviera en su mano para que su matrimonio llegara a ser aquello que ella deseaba; y comenzó a leer varios libros acerca de cómo convertirse en una esposa mejor. Su entusiasmo aumentaba de día en día.

Después de varias semanas, tropezó accidentalmente con dos libros escritos para hombres, los cuales explicaban cómo los varones podían fortalecer sus matrimonios. Llevó a casa dichos libros para dárselos a Marcos, y decidió que lo haría después de la cena.

Por fin llegó el momento de la verdad; y ella se fue hacia su esposo, con una dulce sonrisa, y dijo: —Querido, últimamente me he estado esforzando realmente por aprender la manera de llegar a ser una mejor esposa, con objeto de convertirme en aquello que tú mereces tener; y he encontrado dos libros que pueden ayudar a los esposos a comprender a sus esposas. ¿Querrías leerlos por amor a mí?

Marcos le dirigió una mirada condescendiente, y expresó: —Ya veremos.

Sin rendirse ante una señal segura de derrota, Luisa, de una manera algo más defensiva, dijo: —He estado leyendo recientemente muchos libros, y esforzándome por mejorar nuestro matrimonio. Es lo menos que puedes hacer.

Marcos dio la excusa número cuatro de la lista conocida como: "Los diez pretextos más generalmente utilizados". Simplemente expresó: —Querida, ya sabes lo ocupado que estoy estos días. De veras lo intentaré cuando tenga menos trabajo.

Ella se daba cuenta de que podía pasar bastante tiempo hasta que aquello ocurriera, ya que en nueve años de matrimonio nunca había visto que su esposo tuviera "menos trabajo".

Pero Luisa podría haber dicho algo que hubiera motivado a Marcos a leer ambos libros en tres noches. De hecho, el hombre habría apartado probablemente algún tiempo del trabajo para terminarlos al día siguiente.

Este principio no se presenta para que sea utilizado como instrumento de manipulación; sino que lo comparto porque puede ayudarte a entrar en una conversación más amorosa y atenta con tu esposo. A medida que haces esto último, podrás descubrir cuáles son las necesidades más profundas que él tiene y consagrarte desinteresadamente a satisfacerlas. Dicho principio se llama: el "principio de la sal". La sal hace a las personas tener sed; y el propósito de tal principio es crear una sed de conversación constructiva en la cual tanto tú como tu esposo puedan aprender el uno acerca de las necesidades del otro.

Expresado con pocas palabras, este principio es como sigue:

NUNCA COMUNIQUES INFORMACION QUE CONSIDERES IMPORTANTE, SIN CREAR PRIMERAMENTE UNA ARDIENTE CURIOSIDAD EN LA PERSONA QUE LA ESCUCHA.

Dicho principio es tan fácil de aprender que incluso un niño puede dominarlo.

Cierto día, mi hija de siete años entró corriendo y llorando a casa. La llamé y le pedí que me contara lo que pasaba. Ella me explicó que su amiguita nunca la escuchaba. Cada vez que Kari empezaba a decir algo, la otra niña la interrumpía y comenzaba a hablar. Kari me indicó que se sentía como si no tuviera nada importante que decir, ya que su amiga nunca prestaba atención.

Le pregunté a mi hija si le gustaría aprender una manera de que su compañera la escuchara. Inmediatamente la niña se hizo toda oídos, y brincó para ponerse encima de mis rodillas; luego pregunté: —¿Cuáles eran algunas de las cosas que querías decir a tu amiga?

—Quería que supiera lo que hice con mi casita de muñecas, pero ella no me prestaba atención —contestó Kari.

Le expliqué a Kari que lo primero que tenía que hacer era conseguir la atención de su amiga con una expresión o dos que la motivaran a querer escuchar más. Tendría que decirlas con *entusiasmo*; y decidimos que podían ser algo cómo: "¡No te vas a creer *lo que hice* con mi nueva casa de muñecas!" Luego, debía hacer una pausa y expresar una segunda cosa; por ejemplo: "Mis *padres* ni siquiera podían creer lo que hice con ella".

La noche siguiente, cuando volví a casa del trabajo, Kari era toda sonrisas; y me dijo que nuestro plan había funcionado tan bien que su amiga no sólo la había escuchado, sino que vino a jugar con la casa de muñecas.

Evidentemente, para los adultos las situaciones son más complicadas; aunque el principio sigue siendo el mismo. ¡Despierta la curiosidad de ellos y habrás conseguido su atención!

*Melba estaba preocupada, porque Joaquín tenía demasiadas cosas en que pensar para dedicar tiempo a su hijo Randy.*

El horario de trabajo de Joaquín le mantenía tan ocupado que pasaba muy poco tiempo con Randy cuando estaba en casa. Melba se daba cuenta de cuánto necesitaba el niño a su padre; pero por lo general Joaquín se encontraba demasiado absorto en otras cosas para escuchar. Entonces, la mujer decidió probar el principio de la sal, y esto fue lo que sucedió:

Melba (sal) —Hoy he recibido de la escuela noticias muy desalentadoras acerca de Randy.

Joaquín —¡No me digas! ¿Qué era?

Melba (más sal) —No sé lo que vamos a hacer al respecto. . . me tiene realmente preocupada.

Joaquín —Bueno, ¿de qué se trata?

Melba —A menos que puedas hacer algo, probablemente acabará costándonos un montón de dinero.

Joaquín —¿De qué estás hablando, Melba?

Melba (las palabras "ayuda especial" comienzan a poner más sal para la próxima cosa que va a decir). Ha llamado la maestra de Randy, y me ha dicho que el niño tiene un problema de lectura. A menos que consiga *ayuda especial*, podría serle un impedimento para el resto de su educación.

Joaquín —¿Qué quieres decir con "ayuda especial"?

Melba —La maestra me explicó, que si tú o yo no hacemos algo ahora en cuanto a ello, probablemente tendríamos que pagar mucho dinero más tarde para que se corrigiera. Dice que cuanto más se tarde en corregir, tanto mayor llegará a ser el problema.

Joaquín —¿Qué podemos hacer ahora?

Melba (sal). —Bueno, no hay mucho que yo pueda hacer; pero ella dijo que tú si podrías.

Joaquín —¿El qué?

Melba (más sal). —De hecho, manifestó que si lo hicieras de un modo regular ello proveería precisamente lo que Randy necesita para superar el problema. Le dije que tú estabas muy ocupado, y que no sabía si podrías encontrar tiempo. . .

Joaquín —Sacaré tiempo de algún sitio. . . ¿qué es?

Melba —Dice que la base del problema tiene que ver con el sistema motor. Si pudieras hacer algo como empezar a jugar con él de un modo regular a tirarse la pelota de rugby, la coordinación entre sus manos y su vista aumentarían, y ella podría ayudarle a ponerse al día con la lectura.

Hoy, cuatro años más tarde, Joaquín todavía juega al rugby con Randy; y no sólo disfrutan de su tiempo juntos, sino que también siente la satisfacción de saber que ha hecho algo para ayudar a su hijo en la escuela que ninguna otra persona podría haber hecho. Y todo ello como resultado de que Melba tomó tiempo para comunicarle de un modo original una necesidad genuina utilizando el principio de la sal.

Sin embargo, una cosa es saber que necesitas despertar la curiosidad de tu esposo, y otra muy diferente es hacerlo, ¿verdad que sí? Probablemente te estarás preguntando: "Bueno, ¿y ahora qué? ¿Cómo aplico el principio de la sal a mis circunstancias?"

Examinemos dicho principio un poco más para ver en qué consiste realmente.

### Cómo captar y conservar el interés de tu esposo

1. *El primer paso es identificar claramente aquella necesidad o preocupación que deseas comunicar a tu esposo.*

En nuestro primer ejemplo, Luisa quería que Marcos aprendiera más acerca de lo que una mujer necesita de un hombre; y, de un modo particular, que su esposo leyera dos libros que ella acababa de comprarle acerca del tema. En la segunda ilustración, Melba deseaba que Joaquín empezara a dedicarle más tiempo a Randy.

2. *El segundo paso consiste en identificar las áreas relacionadas con el*

*asunto que son de gran interés para tu esposo.*

Es aquí donde Luisa fracasó; y donde Melba tuvo éxito. Luisa simplemente comunicó aquello en lo que ella estaba interesada (un matrimonio más feliz); pero falló en cuanto a relacionar su interés con alguno de los que tenía su esposo. El no podía ver que necesitara ninguna ayuda para llegar a ser un esposo mejor; así que el convertirse en un mejor esposo no representaba ningún interés particular para él.

Melba, por su parte, tuvo éxito en este punto. Sabía que el programa de trabajo era más importante para su esposo que pasar tiempo con Randy; sin embargo, también sabía por conversaciones anteriores, que Joaquín estaba sumamente interesado en la educación de su hijo. Ella identificó aquel interés, y recordó los comentarios de la maestra de Randy acerca del problema de lectura del niño. Puesto que una gran parte del problema de Randy consistía en la coordinación entre sus manos y su vista, imaginó que cualquier cosa que Joaquín pudiera jugar con su hijo para aumentar esa coordinación resolvería el problema. Luego, pensó en el rugby; y comprendió cómo podía relacionar el interés de Joaquín (la educación de Randy), con su propio interés (el deseo de ver que su esposo y su hijo pasaran más tiempo juntos), al mismo tiempo que veía corregido el problema de lectura del niño.

Luisa no tenía por qué fallar en ese punto con Marcos. Este me ha dicho que su apetito sexual es mucho mayor que el de su esposa; por lo tanto, estoy seguro de que ella estaba consciente del gran interés de su esposo por aumentar su deseo de tener relaciones sexuales. Esta es el área de *gran* interés que la mujer hubiera podido utilizar para acrecentar el interés de él en leer los dos libros. En los pasos siguientes te mostraré cómo habría sido posible que llevara esto a cabo.

3. *Utilizando su área de gran interés, comparte sólo la información suficiente para estimular la curiosidad de tu esposo por oír más.*

Ya que Luisa conocía el inagotable deseo de relaciones sexuales de Marcos, hubiera podido comenzar con la declaración —¡Caramba con estos dos libros! Empecé a leerlos mientras te encontrabas en el trabajo, y me estaba poniendo tan estimulada sexualmente que tuve que dejarlos. Tenía verdaderamente ganas de que hubieras estado en casa para tener relaciones íntimas.

Conociendo a Marcos, te aseguro que hubiera tenido toda su atención —llegado a este punto habría apagado aun el último partido de la Liga Nacional en la televisión.

4. *Añade un poco más de sal. No contestes a la respuesta que él ha dado a tu primera dosis; sino más bien haz una pausa y aumenta aún más la curiosidad de tu esposo.*

Probablemente, Marcos habría respondido a la primera dosis de sal de una de las siguientes maneras:

—No bromees. ¿Qué decía?

—¿De veras? Déjame verlo.

—Todavía no es demasiado tarde; ya estoy en casa.

Ahora Luisa aplica su segunda dosis de sal; *sin* dar ningún alivio al brote de curiosidad en Marcos, con una declaración como ésta: —Son verdaderamente increíbles. Dicen a los esposos lo que tienen que hacer a fin de preparar a sus esposas mental y emocionalmente para la relación sexual. Esos autores saben de veras lo que se necesita para estimularme.

5. *Utiliza una pregunta corta con objeto de conseguir un compromiso de su parte a obrar con arreglo al deseo tuyo: o para enseñarle lo que estás tratando de comunicarle.*

Una vez que ha llegado a este punto, Luisa puede conseguir un compromiso por parte de Marcos a leer el primer libro, haciéndole una de varias preguntas cortas: —¿Has leído alguna vez un libro como éste, que te dice cuáles son las cinco cosas que las mujeres no pueden resistir? O: ¿Has leído algo alguna vez acerca de las cinco cosas que puedes hacer para estimularme sexualmente?

El objetivo de Luisa no era convertir a su esposo en un manipulador de sus deseos sexuales; sino conseguir que leyera dos libros que le esti-mularían a hacer aquellas cosas que edificaran la relación entre ambos. Ella sabía que las "cinco cosas" motivarían a su esposo para que la tratara con mayor ternura y respeto; lo cual a su vez la ayudaría a ser sexual-mente más sensible a él.

6. *Si después que has dado estos cinco pasos, él todavía no muestra el interés o el compromiso suficientes, sigue añadiendo sal.*

Luisa podría salar aún más el asunto, con una expresión como: —Me alegro de que todavía no hayas aprendido ninguna de estas cosas; mi impulso sexual se haría tan fuerte que nunca conseguiríamos hacer nada en la casa.

Como dije al comienzo de este capítulo, el principio de la sal es irresistible si se usa del modo correcto. Cada uno de los aspectos del amor y de la comunicación se pueden utilizar de una manera beneficiosa o perjudicial; y este principio no es diferente. Para emplearlo de un modo eficaz hay algunas cosas que deberás indudablemente evitar.

### ¡Lo que no hay que hacer cuando se sala!

1. *No comiences la conversación con un ruego o una petición de que tu esposo te preste atención o te dedique tiempo.*

Cuando vayas a utilizar el principio de la sal, nunca comiences la conversación con expresiones como las siguientes:

—¿Tienes un minuto?

—¡Necesito verdaderamente hablar contigo!

—¿Podemos hablar de algo realmente importante un poco más tarde?

—He estado esperando durante mucho tiempo para hablar contigo; ¿podemos *por favor* hacerlo esta noche?

Las expresiones introductorias como esas, provocan por lo general una respuesta negativa; ya que muchos esposos no pueden concebir el apartar tiempo "sólo para hablar"; y es muy probable que te sientas herida por su falta de interés. El diálogo de más abajo muestra un ejemplo típico de esto.

Alicia —Me gustaría realmente hablar contigo de algunas cosas esta noche después de cenar. ¿Te parece bien, querido?

Esteban —Esta noche hay un partido en la televisión que contaba verdaderamente con poder presenciar; y además tengo algo de trabajo que poner al día.

Alicia —Bueno, ¿y qué me dices de cuando hayas terminado? Se trata de algo realmente importante.

Esteban —Mira, Alicia, me gustaría hablar; pero ha sido un día muy duro y estoy cansado de veras. Quizás mañana.

Alicia —Siempre hay alguna otra cosa. . . nunca quieres dedicarme tiempo. . . Y ahí comienza la pelea. En lugar de utilizar una expresión introductoria, empieza con alguna declaración que provoque curiosidad.

2. *No empieces la conversación con tu preocupación principal o con la solución que tienes para la misma.*

Si, por ejemplo, Melba hubiera abierto la conversación con la afir-mación de más abajo, habría evocado una respuesta diferente por parte de Joaquín.

Melba —Querido, Randy necesita que le dediques más tiempo; y el que jugaras a tirar la pelota de rugby sería de ayuda para su problema de lectura. ¿Podrías empezar a jugar con él al rugby?

Joaquín —Me encantaría jugar con mi hijo; pero sencillamente no tengo tiempo. Ya sabes lo cargado que es mi horario.

3. *No trates de convencerle con tus primeras declaraciones.*

Con frecuencia, las mujeres tienen la tendencia a pensar que la única manera en la que pueden conseguir que sus insensibles esposos hagan algo, es empujándoles a la acción con una declaración fuerte o una amenaza. Puede que esto funcione a corto plazo, pero no tiene valor duradero.

Melba —Querido, tienes que empezar a pasar más tiempo con Randy, o si no vamos a tener problemas serios.

Joaquín —*No* me digas lo que tengo que hacer. No dispongo de tiempo para jugar con él y hacer también mi trabajo. ¿Por qué no vas *tú* a trabajar y yo me quedo en casa todo el día? Entonces *tendré* todo el tiempo que quiera para jugar con Randy.

## *¡No te rindas! El salar los asuntos funciona de veras, aun cuando la otra persona sabe lo que estás haciendo*

Si no obtienes resultados la primera vez que utilizas el principio de la sal, no abandones. Quizás tengas que emplearlo varias veces antes de llegar a ser hábil con el mismo... pero, dedicándole tiempo y práctica, funcionará. Nunca he conocido a nadie que no pudiera sacarle partido siempre que siguiera intentándolo. Y lo sorprendente es que da resultado aunque la otra persona sepa lo que estás haciendo.

Utiliza el siguiente ejercicio como ayuda para adaptar este principio a algunas de tus necesidades y preocupaciones inmediatas. También, el principio de la sal se solidificará más en tu propio pensamiento si tomas el tiempo necesario para hacerlo.

1. *Haz una lista de cuatro de tus necesidades o preocupaciones actuales, las cuales quisieras que tu esposo comprendiera más plenamente.*

(Por ejemplo: una necesidad material, tus sentimientos acerca de alguien, una actividad que te gustaría realizar con tu esposo, o una "herida" que quieres que él comprenda.)

1. _____
2. _____
3. _____
4. _____

EJEMPLO

1. Mis sentimientos acerca de su madre
2. Mi temor a una nueva mudanza
3. La necesidad que tengo de comprensión, en lugar de sermones
4. Mi necesidad de un mayor compañerismo con él

2. Haz una lista de cinco áreas que tienen un interés muy grande para tu esposo.

(Por ejemplo: pasatiempos favoritos, proyectos de negocios, su profesión e intereses relacionados con la misma, inquietudes religiosas, amigos, deportes, programas de televisión).

1. _____
2. _____
3. _____
4. _____
5. _____

EJEMPLO

1. Exito en los negocios
2. Realización sexual
3. Preocupación por el bienestar completo de los hijos
4. Aceptación entre los hombres de su oficina
5. Relación con Dios

3. Apunta por lo menos dos declaraciones o preguntas que producirían curiosidad acerca de una de tus preocupaciones o necesidades.

Trata de relacionarlas a una de las cinco áreas que son de gran interés para tu esposo.

1. _____
2. _____

EJEMPLO

1. *¿Sabes cuál dicen los sicólogos que es el factor más determinante para la estabilidad emocional de un niño?*
2. *Si tú y yo decidiéramos cooperar en esto, no sólo nuestros hijos ganarían una mayor estabilidad emocional; sino que probablemente yo desarrollaría un deseo sexual más grande únicamente con encontrarme cerca de ti.*

Ella está hablando de su necesidad de compañerismo y relacionándola con dos áreas importantes de la vida de su esposo: su preocupación por el bienestar de sus hijos, y su deseo de una mayor realización sexual. En este ejemplo, la esposa recordó haber leído que los niños llegan a estar mejor equilibrados emocionalmente cuando ven un afecto y un cariño constante entre sus padres —luego ató todo ello para formar dos declaraciones "saladas".

Cuanto más utilices el principio de la sal, tanto más efectivo llegarás a ser aplicándolo; y descubrirás que no sólo funciona con tu esposo, sino con cualquier persona que quieres que te escuche con toda su atención.

## Para meditación personal

¿Qué ejemplo del principio de la sal nos dio Jesús? El nunca malgastó su tiempo compartiendo verdades importantes con gente que no estaba interesada en escucharlas; e incluso dio instrucciones a sus discípulos de que no debían enseñar la verdad a los indiferentes (Mateo 7:6). Jesús utilizaba parábolas y preguntas para despertar curiosidad.

# 6. Motivando a tu esposo para que cambie

*"... Para que también los (esposos) que no creen a la palabra, sean ganados sin palabra por la conducta de sus esposas"* (1 Pedro 3:1). (paréntesis del autor)

¿Cuántas veces has intentado explicar a tu esposo que necesitas ser amada emocionalmente en la rutina diaria si quiere que entres con entusiasmo en intimidad con él? Tienes necesidad de delicadeza, afecto, consideración y romanticismo *antes* de llegar al dormitorio si has de entregarte sin reservas. Del mismo modo, él debe ver ciertas cualidades en tu vida que le hagan *consciente* de las necesidades que tienes, y receptivo a tus sentimientos, antes de poder responder a dichas necesidades y dichos sentimientos.

Puesto que es posible que un hombre comience su vida de casado con un grado de conocimiento y de habilidad tan bajo acerca de cómo satisfacer las necesidades de una mujer, resulta esencial que su esposa le enseñe cuáles son sus propias necesidades y sentimientos y, finalmente, le muestre cómo puede satisfacer aquéllas. El llega a ser muchísimo más receptivo para aprender en cuanto a las urgencias tuyas y a la manera de satisfacerlas, cuando en tu vida se hallan presentes *seis cualidades*.

Las seis cualidades mencionadas probablemente se encuentran presentes en cierto grado en tu carácter; y si se fomentan, se harán más fuertes y tendrán una influencia mayor en tu personalidad. A medida que toma lugar ese proceso de fortalecimiento, tu esposo experimentará un deseo mucho mayor de aprender a amarte en la forma en que necesitas ser amada.

HE AQUI SEIS CUALIDADES DE BELLEZA INTERIOR
QUE PREPARAN A UN ESPOSO PARA ESCUCHAR

Cuando estudiabas, quizás reparaste en que algunas clases eran mucho más agradables que otras simplemente porque las daba un profesor que a ti te gustaba. Resultaba más fácil y ameno el aprender de profesores con ciertas cualidades en su carácter.

Cuando las cualidades del valor, de la perseverancia, de la gratitud, de la calma, de la delicadeza y del amor desinteresado están presentes en el carácter de una persona, resulta más fácil aceptar sus palabras y seguir su enseñanza o su ejemplo —y ello no es menos cierto en tu matrimonio. Tales características han de estar presentes antes de que tu esposo quiera realmente aprender de ti.

## Valor

**El valor es un compromiso interno de perseguir una meta digna de ser alcanzada sin abandonar la esperanza de lograrla.**

Muchas mujeres YA han abandonado la esperanza de que sus matrimonios lleguen a mejorar algún día; y cuando esa esperanza se desvanece, la atracción de una mujer hacia su esposo disminuye y la "vida" de la relación decae gradualmente.

Sin embargo, de lo desanimada que puedas estar, *nunca* es demasiado tarde para volver a encender la llama de tu esperanza e introducir vida renovada en tu relación matrimonial.

Mayra y Gregorio llevaban tres años casados; y ella se encontraba embarazada de su primer hijo cuando descubrió que el hombre estaba teniendo relaciones con otra mujer. El afecto de Mayra por su esposo había comenzado a desvanecerse antes de que se enterara de lo de la otra mujer; y cuando la aventura amorosa de Gregorio salió a luz, su cariño murió por completo. La relación entre ellos pasó del amor al odio, y de allí a la indiferencia.

Cierto día, durante la comida, Mayra rompió el silencio habitual y preguntó a Gregorio en qué estaba pensando. "En ella" —respondió el hombre haciendo añicos la poca esperanza que quedaba en su esposa.

Después de que Gregorio volviera al trabajo, Mayra dijo a Dios que no tenía más esperanza; pero no terminó con aquello, sino que continuó orando que si él podía darle esperanza o un nuevo amor por su esposo, ella lo recibiría.

Para sorpresa suya, se encontró haciendo cositas amables para Gregorio, a pesar de no tenerle afecto. En un plazo de tres semanas, Gregorio comenzó a notar tal cambio en su esposa, que se sintió más atraído hacia ella que hacia la otra mujer; e incluso tuvo vergüenza por la manera en que la había estado tratando. A continuación, dejó su aventura amorosa y se unió a Mayra en su compromiso creciente de construir una relación más satisfactoria el uno con el otro y con Cristo. Para Mayra, el valor comenzó al decir a Dios que estaba *dispuesta* a recibir una nueva esperanza y un nuevo amor por Gregorio.

Tanto Mayra como Gregorio, me dicen que su relación es ahora de tal manera más profunda, que no pueden ni imaginarse lo vacía que solía ser.

El *primer paso* que has de dar con objeto de aumentar tu valor, es comprometerte a *perseguir activamente* una relación más satisfactoria con tu esposo y a construir un matrimonio mejor. Uno de los mayores obstáculos para conseguir una relación conyugal feliz, es mantener ideas poco realistas acerca de lo que es un buen matrimonio. Dichas ideas poco realistas comienzan en la niñez y culminan con la ceremonia de la boda. Esta es la razón de que los sicólogos digan, que cuando tú y tu esposo dan el "SI", SEIS personas quedan unidas en matrimonio.

Por parte de la novia:
1. La persona que tu misma pensabas que eras
2. La persona que él pensaba que tú eras
3. La persona que tú eras EN REALIDAD

Por parte del novio:
1. La persona que él mismo pensaba que era
2. La persona que tú pensabas que él era
3. La persona que él era EN REALIDAD

El crecimiento y el gozo en un matrimonio se producen al combinar esas seis diferentes expectativas para formar una relación unificada y realista. Sí, *es* posible; y se *puede* hacer. De eso trata el aprender a amar, y eso es exactamente lo que estás aprendiendo al leer este libro. Parejas que han estado casadas durante años, tienen tanto que ganar en sus relaciones como otras que acaban de contraer matrimonio.

Una recién casada me dijo una vez, que cuando se unió en matrimonio a su esposo, pensó que se estaba casando con uno de los últimos hombres sensibles que quedaban en el mundo. En el plazo de un año, descubrió que éste no era en absoluto tan sensible o "romántico por naturaleza" como ella había creído. Antes de casarse, parecía como si sus maneras consideradas de preocuparse por ella brotaran naturalmente de su ser interno; pero ahora se encuentra decepcionada, e incluso la irrita el que tales acciones no fueran una parte natural de su conducta. De hecho, para llevar a cabo los actos más pequeños de atención, el hombre tiene que pararse y pensar cómo hacerlo. Cuando ella expresa su descontento, él le dirige una mirada perpleja y pregunta: "¿Qué supones que debo hacer?" Y como la mayoría de las mujeres, su esposa se irrita aún más, porque piensa: "¡Si tengo que decirle lo que ha de hacer, eso le quita toda la gracia a la cosa!"

He oído repetir cientos de veces la historia de esta mujer. Ahí está el porqué es importante tener una imagen mental clara de lo que constituye un buen matrimonio. En vez de decirte lo que pienso que es un buen matrimonio, déjame hacer algo un poco diferente. ¿Cuáles de las cosas siguientes harían que tu relación conyugal fuera lo que *tú* quieres?

Mi matrimonio sería mucho mejor si mi esposo. . .

☐ hiciera que yo me sintiese respetada y más importante que su trabajo, sus familiares y sus pasatiempos.

☐ intentara realmente comprender mis sentimientos y necesidades, y aprender la manera de responder amorosamente a los mismos.

☐ deseara y buscara auténticamente el perdón cuando hiere mis sentimientos o los de los niños.

☐ sintiera y expresara de un modo consistente aprecio sincero por lo que soy y lo que hago.

☐ reconociera mi sensibilidad como una virtud y recibiera con agrado el estímulo que le doy para que llegue a ser más sensible él mismo.

☐ comprendiera mis limitaciones físicas y tomara parte activa, de una manera entusiasta, en el trato con los niños y en las responsabilidades del hogar.

☐ permitiera que dependiese de él emocionalmente para recibir consuelo cuando me encuentro desanimada o angustiada, sin criticarme ni echarme sermones.

☐ me respetara lo bastante como para *recibir con agrado* mis opiniones y mi consejo cuando está haciendo decisiones que afectan a nuestra familia.

☐ quisiera ser mi mejor amigo y que yo fuera el suyo.

☐ no tratara de imponerme valores e ideales que él mismo no está aplicando, a fin de eliminar cualquier criterio que permite más libertad al hombre que a la mujer.

Cada una de estas descripciones es una meta digna de ser alcanzada y *alcanzable*. En los capítulos sucesivos se discute en detalle cada una de ellas y se proporcionan pasos precisos que puedes comenzar a dar inmediatamente para hacer de esas metas una realidad en tu matrimonio.

Mientras que el primer paso para obtener un aumento de tu valor es comprometerte a perseverar activamente por un matrimonio mejor, el *segundo* consiste en obligarte a *resistir la presión* que puede venir de tu esposo a medida que comienzas a buscar una relación matrimonial más plena; teniendo en cuenta que el deseo de él por enriquecer el matrimonio probablemente es mucho menor a estas alturas que el tuyo.

Al poco tiempo de su boda, a Margarita le chocó la diferencia que había entre el comportamiento de Jeremías como esposo y como novio; y llegó a estar desanimada. Pero después de unirse a un grupo de parejas con el que me reuno, hizo el compromiso de perseguir un matrimonio mejor. Durante los primeros meses se enfrentó a una presión y una resistencia cada vez mayor por parte de Jeremías; y cierto día que estaba enferma trató de compartir sus sentimientos de debilidad con él, diciéndole lo mucho que necesitaba su consuelo y su ayuda en la casa. La respuesta espontánea del hombre, fue: "Vamos, échale agallas, mujer; puedes hacerlo sola". Y siguió dando a entender que *su madre* nunca actuaba de aquella manera cuando estaba enferma.

Jeremías no cambió de la noche a la mañana. En otra ocasión, Margarita —que era maestra— le pidió que visitara su escuela para ver cómo habían decorado el salón de clase ella y sus alumnos. Aquello había requerido mucho trabajo y mucha creatividad por parte de la mujer, y estaba realmente orgullosa de los resultados. Una vez más, el Príncipe Azul se puso a la altura de las circunstancias diciendo sarcásticamente: "Yo no te pido que vengas a ver mi oficina. ¿Por qué quieres tú que vaya a ver tu salón? Además, si has visto un aula, las has visto todas".

Pero la historia no terminó con el sarcasmo de Jeremías. Ya que Margarita había hecho el segundo compromiso —"resistir la presión resultante de perseguir un matrimonio mejor"—, Jeremías ha cambiado; obligándose también a construir una mejor relación conyugal. Ahora está llegando a ser cada vez más sensible a su esposa, y participa activamente asumiendo un buen número de las responsabilidades del hogar. Esto, por sí solo, ha ayudado a acercarlos mucho más el uno al otro. Jeremías está comenzando a respetar a Margarita y sus cualidades y sensibilidad únicas.

Al comenzar la búsqueda más activa de un matrimonio mejor, puede que encuentres o no encuentres presión y resistencia; pero es importante que te comprometas a resistir cualquier presión que pueda surgir. Si cuentas con que sea tu esposo quien empiece una relación mejor, quizás la espera sea larga, muy larga.

## *Perseverancia*

**Perseverar significa continuar persiguiendo un objetivo hasta que se logra.**

Durante años, la manera que Enrique tenía de tratar con los sentimientos heridos de Carla, consistía en echarle un sermón sobre los mismos, o darle una explicación racional de por qué se sentía herida y cómo podía dejar de estarlo. Aquellos variaban en longitud, desde la breve afirmación: "Eres demasiado susceptible", hasta el complejo análisis de toda la situación, que duraba veinte minutos. Carla siempre daba por sentado que no se trataba más que de la manera que tenía su esposo de intentar decirle que él era superior haciéndola sentirse culpable. Si alguien no hablaba con ella en la fiesta y ella deducía que ya no le tenían afecto, Enrique le decía sencillamente: "Te lo estás tomando demasiado en serio; lo único que pasaba es que estaban muy ocupados". Si Carla tenía una discusión con la madre de él, era ésta quien recibía la comprensión de su esposo; y a ella le tocaban comentarios como: "has reaccionado exageradamente", o: "No puedo creer que hirieras así los sentimientos de mamá".

Una vez que Carla se dio cuenta de que los hombres tienen que aprender a cómo responder a los sentimientos de las mujeres, empezó a decir a Enrique cuando necesitaba consuelo: "No me sermonees... únicamente tenme en tus brazos y sé comprensivo". Aquello no valió de nada las primeras seis o siete veces que lo intentó. Todavía siguió recibiendo sus sermones (aunque éstos se fueron haciendo más y más cortos). Por último Enrique (tan genio como es) se dio cuenta de que Carla simplemente le estaba pidiendo que no le predicara, sino que la consolara con delicadeza silenciosa. Lo intentó en una ocasión, y se dio cuenta de que su esposa reaccionaba de una manera completamente diferente —recobrándose de sus sentimientos heridos mucho más pronto que cuando él trataba de dar razones convincentes de ello.

Más tarde, Enrique me explicó que, aunque las primeras veces fue difícil no sermonear a Carla, su respuesta silenciosa resultaba tanto más efectiva que había llegado a ser algo natural. Si Carla hubiera tratado de ayudarle a cambiar compartiendo sus sentimientos solamente una vez, no habría ocurrido nada. Pero ella perseveró, y ahora ambos están disfrutando de los beneficios de su constancia.

Hace varios años conocí a un hombre que había tenido mucho éxito en su trabajo con adolescentes e influido en miles de ellos de una forma positiva. Cuando le pregunté el secreto de su éxito, la respuesta que me dio me dejó sorprendido. "Es muy sencillo" —dijo—, "de cada doscientas ideas que intento, una funciona". Una de las chicas adolescentes de su grupo de jóvenes, Ilia, siguió su ejemplo después de casarse.

Después de la primera semana de su matrimonio, Ilia había notado que David siempre prefería a su propia familia antes que a la de ella. Luego, cuando se trasladaron al otro extremo del país para que él asistiera a la escuela para graduados, la chica pensó que por fin dejaría de ocupar un segundo lugar después de la familia de su esposo. Por desgracia, 3.000 kilómetros no era una distancia suficientemente grande. Las llamadas telefónicas, las cartas o las visitas a los familiares continuaron añadiendo leña al fuego. Cada vez que Ilia censuraba a alguien de la familia de David, éste se levantaba a defenderle. Vez tras vez, la mujer trataba de decir a su esposo cuánto la molestaba que él prefiriera a su familia antes que a ella; pero David siempre defendía su posición.

Pocos años después de terminar la escuela para graduados, David tuvo finalmente la oportunidad de volver a establecerse cerca de su ciudad natal; y pensó que Ilia se sentiría emocionada, ya que eso significaba vivir también cerca de su propia familia. El hombre no pudo comprender por qué ella se echó a llorar cuando le habló de aquella oportunidad. Una vez más, su esposa le explicó que tenía miedo de residir cerca de la familia de él a causa de su preferencia por ellos. Como de costumbre, David se defendió y no pudo ver el asunto desde la perspectiva de Ilia.

Durante las vacaciones, la pareja visitó su ciudad; y cuando estaban dejando a la familia de David, éste dijo a Ilia: "Explícame una vez más por qué no quieres que volvamos a vivir otra vez aquí". Ella se lo explicó de nuevo, y por último su esposo lo comprendió. Desde entonces, David ha tenido muchas oportunidades para demostrar su preferencia por Ilia; y ahora, ésta se siente tan segura que espera con impaciencia la posibilidad de volver a casa. Una vez más, la dócil perseverancia de la esposa produjo un beneficio duradero para sí misma y para su esposo.

## Gratitud

**La gratitud es un reconocimiento sincero por los beneficios que uno ha recibido de otros.**

Una vez se realizó una encuesta entre varios miles de obreros acerca de lo que podían hacer sus patrones para motivarlos a trabajar más. Los patrones se quedaron asombrados de que la respuesta número uno no tuviera nada que ver con el sueldo o las ventajas del trabajo. La mayoría de los trabajadores afirmaron que *lo único* que hacían sus patrones que les motivaba a querer trabajar más, era *expresar aprecio* por sus esfuerzos individuales.

Si la gratitud motiva a una persona a tratar de trabajar con más ahínco, ¿por qué no habría de mover a tu esposo a esforzarse más en casa? La respuesta es que SI LO HARIA. El agradecimiento expresado por medio de la alabanza es una de las motivaciones mayores para los hombres. Si deseas que tu relación con tu esposo llegue a ser más satis-factoria, resulta esencial que desarrolles una actitud agradecida.

La alabanza, expresada con un corazón de gratitud, es esencial para nuestro caminar con Dios. Efectivamente, entramos en su presencia me-diante la alabanza (Salmo 100:4); y la fe que tenemos en él se demuestra por medio de nuestra disposición a darle gracias en cualquier circuns-tancia, sin importar lo destructivas que pensemos que éstas puedan ser (1 Tesalonicenses 5:18; Romanos 8:28). No hemos aprendido a andar con Cristo hasta que sabemos decir: "Señor, gracias por 'eso'. No lo comprendo; pero confío en que puedes hacer que me ayude a bien porque te amo".

Clara y Pablo llevaban ocho años casados. Cuando la mujer vino a mi oficina, estaba acongojada porque su esposo era alcohólico. Sin em-bargo, de los problemas que resultaban del alcoholismo del hombre, ella se hallaba aún comprometida a perseguir un matrimonio mejor.

Le dije a Clara que la gratitud expresada mediante la alabanza podía proporcionar a Pablo una poderosa motivación para superar su problema. También hablamos de otras cualidades de las que trata este capítulo, y de cómo podía desarrollarlas en su propia vida. Cuando salió de mi oficina, tenía un deseo entusiasta de comenzar inmediatamente a dar algunos de los pasos.

Varias semanas después, llamaron a mi puerta; y cuando la abrí tuve que contener la respiración. Para sorpresa mía, Pablo había venido a mi oficina para hablar conmigo. El hombre me dijo que desde que su esposa estuvo a verme, habían ocurrido tantos cambios en la vida de ella que era una persona nueva. Y siguió expresando: "Ahora es tan cariñosa y agradecida, que no puedo continuar hiriéndola por más tiempo. ¿Podría ayudarme?"

La historia de esta pareja ilustra de una manera gráfica el poder de esas cualidades interiores y, más específicamente, la fuerza que tiene la gratitud para mover a un hombre a desear una relación mejor. Quizás te estés preguntando cuáles fueron las cualidades que Clara consideró dignas de alabanza en su esposo alcohólico. Ella utilizó su mayor facultad para descubrirlas.

## Utilizando la mayor facultad que tienes para detectar aquellas cualidades dignas de elogio en tu esposo

A estas alturas, debería ser evidente que la mayor facultad que tiene una mujer es su sensibilidad. Esta puede convertirse en tu mejor amiga mientras te esfuerzas por detectar las cualidades admirables de tu esposo. Al principio, cuando mencioné a Clara que necesitaba expresarle gratitud a Pablo, la mujer me lanzó una mirada perpleja, y dijo: "¿Hay algo de que estar agradecida? ¿Sabe usted lo que es vivir con un alcohólico?" Le expliqué que hay muchas cualidades positivas que pueden tener una expresión negativa. Hablamos acerca de algunos de los rasgos negativos de su esposo con objeto de detectar algunas virtudes que ella pudiera empezar a alabar.

El problema más obvio en el que Clara podía pensar era la compasión de Pablo por sí mismo. Ya que ésta puede ser una expresión negativa de la compasión por otros, pregunté a la mujer si había notado alguna vez que a su esposo le preocupara el bienestar de otras personas. Sus ojos se iluminaron inmediatamente; y Clara dijo que siempre había reparado en lo pronto que Pablo mostraba preocupación por aquéllos a quienes les sucedían desgracias.

También le pregunté, si había observado alguna vez que él fuera solapado en cuanto a esconder una botella o a escaparse a tomar un trago. Otra vez ella sonrió. La astucia es a menudo una expresión negativa de la facultad creadora (uno de los hombres más creativos de los que haya leído jamás, había sido un ladrón durante más de veinte años). Cuando le expliqué que la astucia y la creatividad son con frecuencia expresiones diferentes de la misma característica, Clara me dijo que el trabajo de Pablo requería una buena dosis de facultad creadora. En cosa de unos minutos, habíamos discernido dos cualidades por las cuales ella podía comenzar a alabarle; y para que su alabanza fuera sincera, Clara tendría que utilizar su sensibilidad con objeto de captar los momentos y las oportunidades adecuadas para expresarla. (NOTA: La siguiente lista puede ayudarte a utilizar algunos de los rasgos negativos de tu esposo para discernir sus cualidades admirables.)

| Comportamiento Negativo | Características Positivas |
| --- | --- |
| Lento | Prudente, atento a los detalles |
| Descuidado | Poco severo, indulgente |
| Exigente | Cuidadoso, le gusta hacer las cosas bien o de "primera" |
| No es capaz de decir "No" | Amante de la paz, amable con la gente, compasivo, servicial |
| Habla demasiado | Minucioso, expresivo |
| Demasiado estricto | Disciplinado, con dominio propio, concienzudo |
| Insistente | Determinado, enérgico, persuasivo |

## Desarrollando una actitud agradecida

El *primer paso* para desarrollar una actitud de agradecimiento auténtica, es hacerte consciente de los beneficios que has recibido de dos fuentes principales: otras personas y Dios. Cuando se le confrontó con esta idea, un hombre dijo que eso sencillamente no era verdad. El había empezado en los negocios sin nada y llegado a ser sumamente rico. Y expresó: "Nadie me dio jamás ninguna cosa". Entonces le preguntaron qué lejos habría llegado en los negocios si no hubiera aprendido a leer o escribir. Naturalmente, su respuesta fue: "No muy lejos". Luego bajó la mirada y reconoció que alguien le había facilitado un bien de incalculable valor que él utilizó la mayor parte de su vida. Y antes de darse cuenta, pudo pensar en docenas de personas de las que había recibido beneficios innumerables.

Si te detienes a pensar acerca de ello, comprenderás que hay muy pocos beneficios en tu vida por los cuales puedes atribuirte todo el mérito.

Antes de continuar adelante, tómate el tiempo de completar el ejercicio siguiente.

### Desarrollando gratitud
### Ejercicio No. 1

En la columna A haz una lista de los diez beneficios más preciosos que has recibido en tu vida (por ejemplo: tus hijos, la educación que tienes, tus talentos, tus posesiones materiales, tus habilidades, etc.); y en la B nombra por lo menos a una persona que haya contribuido al beneficio correspondiente anotado en la A.

|  *Columna A* |  *Columna B* |
| --- | --- |
| Ej: Mis hijos | Ej: Mi esposo |
| 1. _____ | 1. _____ |
| 2. _____ | 2. _____ |
| 3. _____ | 3. _____ |
| 4. _____ | 4. _____ |
| 5. _____ | 5. _____ |
| 6. _____ | 6. _____ |
| 7. _____ | 7. _____ |
| 8. _____ | 8. _____ |
| 9. _____ | 9. _____ |
| 10. _____ | 10. _____ |

El *segundo paso* para desarrollar una actitud agradecida, es aprender a reducir al mínimo las expectativas que tienes acerca de tu esposo. Las expectativas pueden ser una de las fuerzas más destructivas en tu matrimonio; ya que son capaces de traerte a ti y a tu esposo decepciones y desalientos innecesarios.

Imagínate que no tienes ningún dinero ahorrado, y que de repente se te presenta una factura de hospital de 2.000 dólares. Los bancos y las compañías financieras te rechazan un préstamo, pero una amiga accede en hacértelo; y tú prometes devolverle el dinero seis meses después. Pasados esos seis meses, cuando acabas de ahorrar la cantidad suficiente para pagar a tu amiga, se te presenta otra factura; así que gastas lo que habías ahorrado y no te queda nada para devolver la deuda. Diez días después, tu amiga te llama por teléfono y te pregunta: "¿Dónde está el dinero?" Tú le explicas lo que ha pasado, y ella dice: "Prometiste pagarme en un plazo de seis meses, así que consígueme el dinero"; y cuelga el teléfono. Es muy probable que vayas a buscar el primer frasco de calmantes que encuentres.

Al día siguiente, tu amiga vuelve a llamarte para preguntarte si ya tienes el dinero; que lo necesita desesperadamente. Cuando le contestas que todavía no lo tienes, ella se echa a llorar y expresa que llamará todos los días hasta que le envíes la cantidad que le debes. Para entonces, ni siquiera el calmante te ayudará.

*Y sin embargo, esta es la posición en la cual colocas a tu esposo con tus expectativas.* Estás manteniendo continuamente una deuda sobre su cabeza, la cual él no puede pagar porque no tiene los recursos para ello.

Durante ocho años, Benjamín había estado viviendo bajo el peso de las expectativas de Silvia. Cada vez que le compraba algo, no era bastante, o era demasiado tarde; y cuando satisfacía sus ilusiones, ella expresaba la actitud de "Ya era hora". El hombre se sentía como que hiciera lo que hiciese nunca podría agradar a su esposa. Entonces Silvia dejó de expresar sus expectativas, y comenzó a manifestar aprecio por *cualquier* intento que hacía Benjamín de agradarla. Al principio, éste no se dio cuenta de lo que estaba sucediendo; pero pasados un par de meses, empezó a comprender que no podía recordar cuál había sido la última vez que Silvia le había pedido alguna cosa; especialmente muebles para el hogar. El cambio de actitud de su esposa le animó tanto, que compró muebles nuevos para toda la casa; excediendo así cualquiera de las expectativas anteriores.

No fue Benjamín el único que encontró un nuevo gozo como resultado de la disminución de las expectativas de Silvia; sino que ella misma comprendió que menos expectativas aumentaban su felicidad, ya que permitían a su esposo la libertad de darle sorpresas.

La mejor manera que conozco de reducir tus expectativas, es cambiar tu centro de atención de tu esposo a Dios. El Salmo 62:1, 2, nos permite esperar que la vida nos venga únicamente de Dios; y Filipenses 4:19 nos asegura que nuestro Dios suplirá todas nuestras *necesidades* conforme a sus riquezas en gloria en Cristo Jesús (esos dos versículos le han permitido a Norma quitar su centro de atención del hecho de que yo satisfaga sus necesidades, y ponerlo en que Dios lo haga). A medida que descansamos en él, llegamos a estar libres para ayudar a aquellos que nos rodean; ya que no estamos esperando nada procedente de fuentes humanas, sino sólo del Señor.

Al disminuir tus expectativas, puedes liberar a tu esposo de la carga que le has obligado a llevar; y tú misma quedarte libre de desilusiones innecesarias. Disminuir dichas expectativas no quiere decir librarse de tus necesidades o anhelos —eso es humanamente imposible—; significa simplemente eliminar tu límite de tiempo y tus ideas preconcebidas acerca de cuándo y cómo han de ser satisfechas tales expectativas. El siguiente ejercicio puede ayudarte a controlar tus expectativas.

### Desarrollando gratitud
### Ejercicio No. 2

Haz una lista de tus expectativas bajo cada categoría.

*Tus necesidades materiales*
Ej: Un sofá nuevo

*Las actitudes de él*
Ej: Impaciente con los niños

_____

_____

_____

_____

*Tus necesidades*
Ej: Elogio por una buena comida

*Los hábitos de él emocionales*
Ej: Tira al suelo la ropa sucia

_____

_____

_____

_____

Las expectativas que has enumerado más arriba son como bombas colocadas para destruir tu relación conyugal. La única manera de desactivarlas es *desaciéndote del mecanismo de relojería*.

## Calma

**La calma es una paz interior que te permite responder sosegadamente y sin temor a una situación de tensión.**

Volvamos a la analogía de la mariposa y el búfalo. La mariposa es delicada y sensible incluso a la más ligera brisa; mientras que al búfalo ni siquiera le molesta un viento de 50 kilómetros por hora. Aunque tu sensibilidad es una de tus mayores cualidades (ya que te permite "sentir" las cosas tanto más intensamente), también puede suponer una fuente de desaliento y desesperación si no la equilibras con la calma.

No estoy intentando en absoluto insinuar que deberías hacer lo más mínimo por reducir tu sensibilidad; de hecho, si tu esposo ha conseguido que te vuelvas más endurecida, es importante que recuperes la sensibilidad que has perdido. Cuanto más sensible seas, tanta más belleza, tanta más ternura y tanto más "sentimiento" puedes aportar a tu familia y ambiente.

Sin embargo, al mismo tiempo, debido a que estás consciente de lo que sucede a tu alrededor, es fácil que reacciones a los más ligeros cambios. Si reaccionamos exageradamente a una situación, algunas veces podemos causar problemas mayores que aquellos a los cuales estamos respondiendo.

Juanita iba conduciendo un automóvil lleno de Niñas Exploradoras que llevaba a una reunión. La carretera estaba resbaladiza a causa de la lluvia y de repente un gato se echó a correr delante del automóvil. Entonces, la mujer reaccionó en exceso y viró bruscamente para evitar arrollarlo. El auto comenzó a serpentear de acá para allá por la calzada hasta que se precipitó en la cuneta. Algunas niñas quedaron lesionadas, pero había logrado esquivar al gato. Una corrección menor con el volante hubiera permitido que salvara la vida del animal al tiempo que mantenía el control del automóvil; pero Juanita reaccionó exageradamente a la situación.

Lo mismo puede suceder en tu "carretera emocional". Tu sensibilidad te capacita para "ver" muchos problemas potenciales que quizás tu esposo pase por alto. Puede que tú percibas los sentimientos heridos de tu hija cuando tu esposo utiliza palabras ásperas para corregirla; mientras que tal vez él no esté en absoluto consciente de haberla ni siquiera ofendido. Debidamente utilizada, tu sensibilidad puede capacitarte para darte cuenta de la reacción de tu hija, y para proporcionar a ésta, de la manera y en el momento apropiados, el consuelo que necesita. Y, con el tiempo, incluso te facultará para que enseñes a tu esposo cómo detectar tales heridas y, por ejemplo, cómo sanar éstas.

La forma equivocada de usar tu sensibilidad en esta situación, sería reaccionar rápida y exageradamente criticando a tu esposo frente a la chica; o defendiendo la acción que provocó su corrección al principio. El primer paso para desarrollar una actitud de calma es *controlar* la tendencia que tienes a reaccionar en exceso.

Después de trece años de matrimonio, Miguel y Evelina iban por fin a hacer su soñado viaje a una isla de los Mares del Sur. La pareja estaba especialmente emocionada, ya que parte de los gastos no corrían por cuenta suya. Tres semanas antes de iniciar el viaje, Miguel se enteró de que los gastos serían mucho mayores de lo que él había esperado. Las comidas resultarían muy costosas, pero aquello no le preocupó, ya que pensaba: "¿De todas formas, cuánto podemos comer?"

Cuando Miguel llamó a Evelina y casualmente le mencionó el asunto, ella no lo tomó con tanta calma. Sabía por experiencias anteriores, que cuando se trataba de vacaciones Miguel era muy tacaño con el dinero; e inmediatamente imaginó que todos los otros matrimonios irían a restaurantes de lujo y a fiestas polinesias en las que habría banquetes y diversiones al aire libre, mientras que ella y su esposo quedarían en su habitación dándose un festín de emparedados de manteca de cacahuate y bebiendo leche en envase de cartón. *Sin darle ninguna explicación de cómo se sentía*, Evelina contestó: "Me parece que no quiero ir".

En el pasado, Miguel habría respondido a una afirmación así: "Si eso es lo que piensas, cancelaremos el viaje". A ello hubiera seguido una discusión; y la *reacción exagerada* de Evelina probablemente les hubiera costado el viaje de sus sueños. Sin embargo, eso no sucedió. Miguel estaba aprendiendo a ser sensible a su esposa; de modo que contestó a la declaración de ella con la pregunta: "¿Por qué piensas así?" Entonces, Evelina pudo *expresar con calma* sus preocupaciones, y su esposo le aseguró que, si lo deseaba, ella podía llevar el dinero destinado a las comidas y que cenarían donde ella quisiera.

El reaccionar de un modo excesivo, no sólo disminuye el deseo de tu esposo de satisfacer las necesidades que tienes; sino que también te obliga a pasar por muchos problemas que de otra manera se podrían evitar.

El segundo paso para equilibrar tu sensibilidad con la calma, es darte cuenta de que los principios para relacionarte de los cuales trata este libro, *producirán* un cambio. Tales principios han dado resultado a miles de matrimonios; incluyendo muchos cuyas situaciones parecían muy desesperadas. Al llegar a este punto, tú y otros lectores puede que estén diciendo. "No hay situación más desesperada que la mía". Quizás tengas razón; pero ve si es peor que la de Gabriel y Georgina.

La única manera de describir el matrimonio de Gabriel y Georgina era con la pregunta: "¿Quién odia más a quién?" Su razón para vivir juntos, era tan sólo que no tenían suficiente dinero para hacerlo por separado. No sentían ningún amor hacia sus dos hijos; sino que los consideraban como dos "errores" que habían venido a estropear su estilo de vida. Todos los días, después del trabajo, Gabriel se detenía en un bar, se encontraba con otra mujer, salía con ella, se emborrachaba, y volvía a casa bien entrada la noche. Cada noche, él y Georgina tenían peleas violentas en las que la esposa salía perdiendo; ya que él medía 1 m. 88 cms., y pesaba 86 kilos. La mayor esperanza en la vida de Georgina era tener algún día el dinero suficiente para abandonar a Gabriel y a los niños.

Sin embargo, cierto día, alguien le dijo que le era posible conseguir un amor genuino y duradero por su esposo; y también le enseñaron cómo podía comenzar a desarrollar cualidades interiores y a expresar las mismas de una manera que motivara a Gabriel a realizar cambios similares. Georgina empezó entonces a aplicar un principio sencillo pero poderoso. Nada cambió durante la primera semana; pero al final de la segunda, Gabriel había notado un cambio tan radical en su esposa, que entró en el mismo compromiso que ella había hecho. Se enamoraron el uno del otro y de sus hijos; y en los trece años que han pasado desde entonces, han ayudado a cientos de parejas a construir relaciones más satisfactorias y duraderas. ¿Cuál fue el principio que utilizó Georgina? La mujer comenzó a poner en práctica lo que la Biblia llama un *espíritu apacible* (1 Pedro 3:4).

En 1 Pedro 3:1–6, el apóstol describe cuatro cualidades que Dios pone a la disposición de cualquier mujer; las cuales, no sólo le agradan a él, sino que son en gran manera motivadoras para que un esposo cambie. Una de ellas —el "espíritu apacible" mencionado en el versículo 4— es el corazón de la belleza interior en una mujer cristiana.

He aquí lo que hizo Georgina. Al igual que las santas mujeres de otros tiempos, puso su esperanza en Dios y prefirió las necesidades de su esposo a las suyas propias. Se sometió a Dios, confiando en él para que satisficiera todas sus necesidades genuinas (Filipenses 4:19). No estuvo afanosa por nada, sino que *en todo* hizo conocer a Dios sus peticiones, dándole gracias antes de recibirlas, y aquella *paz* comenzó a *guardar* su corazón y su mente en Cristo Jesús (Filipenses 4:6, 7). Ella sabía que sus necesidades estaban en buenas manos, así que quedó interiormente libre y pudo concentrarse en las necesidades de Gabriel; es decir, que tuvo un espíritu apacible —una calma interior. Esta calma, echa fuera el miedo tan corriente en las respuestas de una esposa a su esposo (1 Pedro 3:6).

# Delicadeza

**Ser delicado es mostrar una consideración tierna por los sentimientos de otro.**

En cierta ocasión, mientras estaba charlando con un amigo, empezamos a hablar de una de las parejas más extraordinarias que los dos habíamos conocido. Lo que hacía únicos a aquellos esposos, era que en sus dieciocho años de matrimonio nunca se habían gritado el uno al otro. Ya sé que eso parece difícil de creer, y puedes suponer que el esposo, Heriberto es un blandengue o algo por el estilo. Pero nada podría estar más lejos de la verdad. Heriberto es un atleta excelente con títulos de ingeniero y un negocio de gran éxito. Que él nunca haya gritado a Elena, su esposa, no significa que no lo haya hecho a ninguna otra persona.

La pregunta que uno se hace es: ¿Cómo puede un hombre enérgico y emprendedor como Heriberto, pasar dieciocho años sin gritar a su esposa? Mientras mi amigo y yo pensábamos en ello, nos miramos el uno al otro, sonreímos y soltamos abruptamente al unísono: "¿Cómo podría *nadie* gritar jamás a Elena?" Ella es el vivo retrato de la delicadeza.

¿Te has dado cuenta de la diferencia que hay entre cómo trata un padre a un bebé recién nacido y la manera en que juega con un niño de tres años? La primera vez que tomé en mis brazos a mi hijo recién nacido, fui sumamente cuidadoso, y estaba tan preocupado de que pudiera hacerle daño que se lo devolví a mi esposa más bien deprisa. Para cuando el niño tenía tres años, peleábamos en broma casi todas las noches. ¿Por qué era yo menos delicado con un chico de tres años que con un bebé? Cuando él acababa de nacer, yo estaba convencido de su extrema fragilidad, y de que necesitaba tratarle con sumo cuidado sólo para no lastimarle.

La motivación clave para ser delicado, es mantener una consciencia clara de la fragilidad extrema de los sentimientos de otras personas. No era sino algo natural el que me fuera haciendo físicamente menos delicado con mi hijo a medida que él se hacía más fuerte. Por desgracia, con el paso del tiempo, también me fui endureciendo en cuanto a sus sentimientos, debido a que el horario tan ocupado que tenía distraía mi atención. Lo que hice, básicamente, es aquello que solemos hacer todos: comencé a no prestarle atención. Cuanta menos atención prestamos a otros, menos delicados tendemos a ser en nuestra relación con ellos: y perdemos de vista su valor precioso y la fragilidad de su personalidad interior.

En otras palabras: "Cuanto más apreciemos algo, tanto más delicados seremos manejándolo". Si yo te entregara un jarrón oriental de hace tres mil años, fino como el papel, cuyo valor fuera de 50.000 dólares, y te pidiera que lo llevaras al banco, ¿lo tratarías de un modo diferente que si te diera una vasija de plástico que valiera 25 centavos y te dijera que la llevaras calle abajo?

Pero, algo le pasó a Michael que renovó por completo mi consciencia de su incalculable valor y de la fragilidad de su vida. Estábamos hospedándonos en un gran motel, y en cierta ocasión me hallaba bañándome con mis tres hijos en la piscina. Mientras peleaba en broma con Kari y Greg, Michael se encontraba a nuestro alrededor en su flotador del pato Donald. Cuando me di la vuelta, vi el flotador vacío sobre el agua en el extremo de la piscina donde cubría; y abajo, en el fondo, a Michael tendido —inmóvil; excepto su suave pelo rubio, que se movía con el vaivén del agua. Mi corazón estaba atenazado por el pesar y el miedo mientras buceaba hacia abajo y le traía a la superficie. Una vez que se hubo recobrado, supe que pasaría mucho tiempo antes de que volviera a considerar como cosa normal el tenerle. Aquello sucedió hace algunos años y nuestra intimidad se ha seguido desarrollando desde entonces.

Puede que haya veces en las cuales te resulte difícil apreciar el incalculable valor de tu esposo; pero el hecho sigue siendo de que se trata de una criatura de Dios muy especial, con necesidades, desengaños, heridas, y sentimientos como cualquier otra persona. En los capítulos siguientes, hablaremos de maneras específicas en las que puedes expresar delicadeza hacia tu esposo e hijos.

## *Amor desinteresado*

**El amor desinteresado es aquella acción dirigida a satisfacer las necesidades de otra persona.**

Casi todos comenzamos nuestra vida de casados creyendo que el amor que le tenemos a nuestro cónyuge nunca se desvanecerá. Aun así, hoy en los Estados Unidos, por cada dos matrimonios hay un divorcio. Hemos aceptado durante demasiado tiempo la descripción del amor de películas de cine como el tipo de amor que debemos esforzarnos por conseguir; pero no se necesita mucho tiempo para descubrir que la mera pasión que gira en torno al placer sexual no es suficiente en sí para establecer una relación duradera. Por desgracia, hay demasiadas parejas que se casan pensando que ese tipo de amor es todo lo que necesitan.

Hay por lo menos tres tipos de amor; y cada uno de ellos es totalmente único. De esos tres tipos de amor —el afecto, la pasión y el amor genuino— sólo el último proporciona un fundamento adecuado para los otros dos. Si falta este tipo de amor, lo más probable es que la relación no durará mucho. Una de las virtudes más emocionantes del amor genuino, es que Dios puede formarlo dentro de tu carácter sin la ayuda de sentimientos de afecto (Gálatas 5:22; Romanos 5:5). Antes de que estudiemos el amor genuino, vamos a considerar los otros dos tipos de amor.

## El afecto

El primer tipo de amor se puede reconocer cuando alguien dice: "Me he enamorado", o "Ya no amo a mi esposo". La gente puede enamorarse o dejar de amar; ya que el afecto está basado en que alguien satisfaga *nuestras* necesidades o cumpla *nuestras* expectativas. Siempre que satisfagan nuestras necesidades emocionales, mentales y físicas y cumplan nuestras expectativas, seguimos "enamorados" de ellos; pero cuando dejan de hacerlo podemos perder fácilmente los sentimientos afectuosos que les tenemos.

## La pasión

El segundo tipo de amor lo describe muy bien la palabra "pasión". Esta clase de amor se centra principalmente en nuestra necesidad de realización sexual. Al igual que el amor del primer tipo, se basa en la habilidad de nuestro cónyuge para satisfacer nuestras necesidades —o para ser más precisos, nuestro deseo de romanticismo y relación sexual. Este es el fundamento de la mayoría de los matrimonios inmaduros: dos jóvenes que se anhelan el uno al otro y se casan con objeto de garantizar que su pareja estará siempre cerca para satisfacer sus necesidades. La pasión es el cimiento más débil para un matrimonio —como lo demuestra el elevado índice de divorcios entre los matrimonios de adolescentes. Una relación conyugal debe tener pasión para ser satisfactoria; pero si la pasión es el hilo que entreteje el matrimonio para mantenerlo unido, éste tiene una probabilidad mucho mayor de deshilarse.

## El amor genuino

El amor genuino es totalmente diferente de los otros dos tipos. El afecto y la pasión nos hacen conscientes de nuestras propias necesidades y nos mueven a mirar a otros para que las satisfagan. El amor auténtico, como lo demostró Cristo, indaga las necesidades de otros y busca oportunidades para satisfacerlas (Juan 15:11–13). Expresado sencillamente, el amor genuino dice: "Veo tu necesidad; por favor, permíteme satisfacerla". O como lo definió el apóstol Pablo: "Me someto a satisfacer tus necesidades; tus necesidades son mi responsabilidad" (Gálatas 5:13, 14). El centro de atención del amor genuino no es recibir; sino dar. Cuando una persona recibe amor de verdad de algún otro, éste puede ser una de las fuerzas motivadoras más poderosas en su vida.

La primera vez que estudié geometría en la escuela secundaria, me suspendieron; y ello me hizo apto para el "privilegio" de repetir el curso. Yo aborrecía las matemáticas, y la segunda vez iba camino de conseguir otro suspenso; pero a mediados del año escolar nuestro profesor se enfermó, y le reemplazó un substituto. Cuando dicho substituto entró en la clase por vez primera, todos nos quedamos sin aliento. Tenía la cara tan desfigurada que durante la primera semana mirábamos por la ventana cuando levantábamos la mano para hacer una pregunta. Sin embargo, hacia el final de la segunda semana, su cara ya no resultaba una distracción; porque sentíamos el amor que nos tenía personalmente a cada uno de nosotros. El hombre había empezado a seleccionar lo que necesitábamos cada uno para nuestra mejor comprensión de la geometría; y nos resultaba evidente que su preocupación principal consistía en satisfacer nuestras necesidades individuales para que aprendiéramos la asignatura. Demostró su amor genuino por mí quedándose muchas veces después de la clase y haciendo todo lo que pudo para ampliar mi comprensión de la materia. Sus ojos brillaban, y su sonrisa le convertía en una persona muy atractiva. Lo que todos comenzamos a ver fue su belleza escondida. Me sentí tan motivado por su expresión de amor que mi nota pasó de un suspenso a un sobresaliente en sólo seis semanas; y a consecuencia de aquella experiencia escogí matemáticas como segunda especialización al llegar a la universidad.

El amor genuino no brota necesariamente de los sentimientos; sino que su fundamento es primordialmente una *preocupación* por el bienestar de otra persona. Aunque los sentimientos de afecto vendrán a continuación, el amor auténtico es primeramente una *acción* dirigida a satisfacer las necesidades de otro.

El *primer paso* para desarrollar amor genuino por tu esposo, es comenzar a darle el valor que tiene para Dios (Juan 3:16). Consiste en comprometerte a tomar interés por él; ya que es valioso y porque Dios le considera muy importante. Cuando obedeces a la palabra de Dios en

Juan 15:11-13, recibes como recompensa el gozo y la paz de los cuales habla Cristo. El plan de Dios es tan magnífico. . . ¡Uno consigue la vida que él prometió y al mismo tiempo satisface las necesidades de su ser querido!

En el capítulo 9 hablaremos de las cinco necesidades básicas que tiene un hombre, y de la manera de satisfacerlas. Pero para amar de un modo auténtico a tu esposo, tienes que ir más allá de las cinco necesidades básicas y descubrir aquellas que son especialmente suyas. El *segundo paso* implica utilizar tu facultad creadora para satisfacer las necesidades de tu esposo. Este paso también se trata detalladamente en el capítulo 9.

## *Para meditación personal*

El desarrollar estas seis cualidades de belleza interior, supone un compromiso para toda la vida. A medida que tales cualidades se consustancian más con tu carácter, a tu esposo le resultará mucho más fácil aprender *de ti* lo que se necesita para tener una relación más satisfactoria. Los capítulos restantes te proporcionarán pasos específicos para ayudarte a empezar a motivar a tu esposo con objeto de que éste persiga un matrimonio más satisfactorio y solícito. Muchos de esos pasos producirán resultados visibles casi inmediatamente; otros tardarán más en hacerlo.

# SEGUNDA PARTE

## CONSTRUYENDO UN MATRIMONIO MEJOR

## 7. *Cómo aumentar el deseo de tu esposo de pasar contigo más tiempo de afinidad y sentimientos profundos*

*". . . Y la mujer respete (admire) a su marido" (Efesios 5:33).* (paréntesis del autor)

Antes de casarme, había ciertos tipos de chicas que me atraían; y no sólo a mí, sino también a otros muchos hombres. Por último decidí determinar con precisión las cualidades que poseían, las cuales nos gustaban a todos. Mediante la discusión y la observación, descubrí por lo menos seis de dichas cualidades que tenían en común. Creo que tomando estas medidas, puedes aumentar el deseo de tu esposo por apartar momentos especiales para pasarlos contigo: 1) Admírale; 2) Exprésale una actitud positiva en forma constante; 3) Concentra más energía e interés en tu belleza interna que en tu aspecto exterior; 4) Compite con todos los intereses de él; 5) Utiliza tu incomparable cualidad femenina de la delicadeza; 6) Solicita su opinión en sus áreas de interés.

### Admírale

De la misma manera que hay leyes físicas —como por ejemplo la de la gravedad, que rige nuestras actividades cotidianas—, también existe un código igualmente enérgico y consistente que gobierna las relaciones humanas. Una de las leyes de dicho código, es la de la admiración, que dice: *La gente se siente atraída hacia aquellos que les admiran, y repelida por aquellos que los menosprecian o los tienen a menos.* La admiración es una de las necesidades más profundas e importantes del hombre; y esa es probablemente la razón por la cual las Escrituras enseñan a las mujeres que admiren a sus esposos (Efesios 5:33). El apóstol Pedro afirma que la admiración puede incluso motivar a un esposo espiritualmente (1 Pedro 3:1, 2).

En las Escrituras, la palabra *admirar* (*respetar, honrar*), significa fundamentalmente "atribuir a alguien un gran valor". Cuando la Palabra habla de "temer a Dios", quiere decir simplemente que Dios ha de ser lo más importante para nosotros —el número uno en nuestras vidas— y que ese es el principio de la sabiduría (Proverbios 9:10). Admirar, respetar, temer y honrar tienen un significado semejante; y todos esos términos nos dicen que nos consideremos los unos a los otros en gran estima (Romanos 12:10).

La ley de la admiración es una parte sumamente importante de este libro, ya que se trata de la base de cualquier relación duradera y próspera. El aspecto vital de la misma es que tú no necesitas que te guste una persona para admirarla. El admirar a alguien es algo que se elige, una decisión, un compromiso, un acto de nuestra voluntad. Consiste en decirnos a nosotros mismos: "Dios ama y aprecia a esa persona, y lo mismo puedo hacer yo".

Tal vez tu esposo te irrita, menosprecia, ofende e ignora; pero la admiración mira más allá de lo que él hace —a lo que es. Se trata de algo incondicional.

Los hombres tienden a dejarse atraer por aquellos que les admiran. Puede que la serie de preguntas siguientes haga resaltar algunas razones por las cuales tu esposo no quiere pasar tantas horas contigo como lo hace viendo la televisión o persiguiendo otros intereses.

### Serie de preguntas

1. *¿Has expresado alguna vez más aprecio o admiración por otros hombres que por tu esposo —quizás por un pastor, un maestro, o el esposo de otra mujer?* Aun sin comprenderlo de una manera consciente, tu esposo puede sentirse herido por la estima que le tienes a otros hombres. Preguntas tales como: "¿Viste a Leti y a César en la fiesta? ¿No es increíble el anillo que le ha comprado?" pueden estar sugiriendo a tu esposo que César tiene más éxito y es más generoso que él; o que trata mejor a Leti que él a ti. O expresiones como: "Me gusta estar con Miriam y Ernesto. ¿Te has dado cuenta de lo considerado que es?", quizás hagan que tu esposo dé por sentado inmediatamente que crees que él no es tan considerado como Ernesto. Cualquier expresión comparativa —ya sea directa o indirecta—, puede significar para un esposo que su esposa

admira a otro más que a él. Algunos hombres llegan incluso a evitar el ir a la iglesia porque sienten que nunca podrían estar a la altura del pastor, acerca del cual sus esposas alardean semanalmente. Las áreas especialmente sensibles para un hombre, incluyen su trabajo, sus amigos, su herencia familiar, y su inteligencia. Ten cuidado de no alabar a otros varones en presencia de tu esposo, a menos que puedas mostrar un aprecio aún mayor por él al mismo tiempo, o que él esté seguro de tu admiración y de que la relación entre ustedes es sólida.

2. *¿Has menospreciado o criticado a tu esposo, sus habilidades, carácter o actividades?* Esto es especialmente destructivo si se hace delante de tus amigos o hijos. Aun los militares —quienes no se distinguen generalmente por su sensibilidad a los sentimientos— reconocen como el primer principio fundamental del liderazgo, después de la instrucción básica, que es totalmente inaceptable el menospreciar el carácter o la habilidad de un hombre delante de otros. No puedo pensar en nada que desmoralice antes a un varón, que la crítica frente a sus compañeros o hijos.

3. *¿Has tenido la tendencia a ejercer presión sobre tu esposo para que haga algo hasta que lo hace?* Otra palabra para expresar la presión de una esposa que hace que su esposo se sienta incompetente e irresponsable, es: *machacar.* Esto, en vez de motivar al hombre a cumplir con su responsabilidad, lo que hace es que quiera pasarla por alto. Si sigues "machacando", hará que él busque otra gente que no le recuerde constantemente sus incapacidades. Lo que empequeñece y rebaja a una persona son las expresiones faciales y el tono de voz.

4. *¿Te encuentras con que las discusiones triviales se convierten en disputas?* Quizás él considere tales discusiones como un insulto a su capacidad e inteligencia; mientras que tal vez seas consciente, de una manera más realista, de los problemas a largo plazo que produce el no prestar atención a las cosas pequeñas. Pero en lugar de retar a su renuncia discutiendo, busca maneras indirectas de ensanchar la consciencia que él tiene de tu mundo y hazle considerar todas las implicaciones de lo que está diciendo (en el capítulo 9 entraremos en más detalle acerca de esto).

5. *¿Alguna vez pones en duda las explicaciones que él da de su comportamiento?* Por ejemplo: Si él te llama desde la oficina y dice que tiene que quedarse trabajando hasta tarde, le preguntas algo cómo: "¿De veras tienes que quedarte trabajando?" Con esa pregunta, das a entender que no te fías de su juicio; y lo único que él oye es tu desafío del mismo. A nadie le gusta pasar tiempo con un "juez sospechoso".

6. *¿Puedes pensar en por lo menos tres cosas que tengan que ver con*

*él de las cuales te has quejado en la última semana* (su horario, el tiempo que pasa con los niños, lo poco que ayuda en casa)? La queja tiene el mismo efecto que el machacar: le repele.

7. *¿Has comparado alguna vez tu propio nivel de consciencia con el de tu esposo?* En esto estriba precisamente la diferencia entre la masculinidad y la feminidad. El apóstol Pedro llama a la mujer el "vaso más frágil". La palabra griega para frágil quiere decir "más sensible" o más "delicado" (1 Pedro 3:7; Romanos 14:1). Ya que la mujer tiende a tener una consciencia mayor de las relaciones y de los aspectos formativos de la vida, es razonable que des por sentado que tu esposo no está consciente como tú misma de que algo falta entre ustedes dos. Si esperas que él desee el mismo grado de intimidad que tú anhelas y si te ofende el hecho de que no se dé cuenta de lo que a ti te parece tan obvio, tus expresiones faciales y el tono de tu voz pueden comunicarle a él una actitud de crítica y menosprecio. Muchas mujeres piensan que sus esposos se quedan tumbados despiertos por la noche imaginando maneras ofensivas de tratarlas. Bueno, eso simplemente no es cierto. ¡Tales cosas les vienen de un modo natural a la mayoría de los hombres! Si una mujer no comprende que el impulso básico de un hombre es conquistar y buscar su propia identidad en su vocación o en sus actividades, puede llegar a sentirse herida porque se toma la actitud de su indiferencia como algo personal. Ella piensa que no la aprecia o que no quiere a los niños; y el hombre interpreta esa ira o ese resentimiento como un desaire hacia él —especialmente si su esposa dice: "Hubieras debido saber... o comprender... o prestar atención...". La mejor manera de comenzar a ayudar indirectamente a un hombre, es aceptándole como varón y apreciándole por lo que es hoy y por lo que será por medio de la ayuda amorosa y paciente tuya. (Dicho sea de paso, los hombres tenemos necesidad de lo que una mujer pueda darnos por nuestro propio bien y bienestar. Necesitamos estar más conscientes de los sentimientos y de aquellas cosas que edifican relaciones duraderas.)

## Maneras prácticas de comenzar a expresar admiración por tu esposo

Hablando con diferentes hombres, me he dado cuenta de que hay una variedad de formas en las cuales sus compañeros, secretarias, empleados, y amigos, les hacen sentirse importantes. He tomado las diez que se sugieren más frecuentemente y escrito una breve descripción de cómo puedes aplicarlas en tu relación.

1. *Empieza a solicitar el consejo y las opiniones de tu esposo cuando tienes que hacer decisiones.* Consúltale para que te dé sus impresiones acerca de la selección y disposición de los muebles, del estilo y color de la ropa, de las opciones para la cena, etc. Sin embargo, al hacerlo, procura no formularle preguntas abiertas como por ejemplo: "¿Qué quieres cenar esta noche?" Aunque tengas buenas intenciones, le obligas a planear algo que él considera responsabilidad tuya. Pero si le preguntas: "¿Qué te gustaría cenar: filete o espaguetis?", él apreciará tu consideración. No obstante, no lleves esto demasiado lejos; ya que ello podría indicar para tu esposo que te estás haciendo demasiado dependiente de él y falta de imaginación. Mantén más bien un equilibrio, buscando oportunidades especiales para solicitar sus opiniones y consejo. Al evaluar cuidadosamente las ideas de tu esposo, esto le hace comprender que su esposa le considera valioso.

2. *Esfuérzate por recordar las peticiones y los deseos anteriores de tu esposo, y comienza a satisfacerlos cuando te sea posible.* Un íntimo amigo me contó que su esposa había hecho algo que le hacía sentirse muy especial. Varias semanas antes, él le había observado: "Quisiera tan sólo poder ver un partido de rugby, de principio a fin, sin interrupciones". Luego, un día, cuando el se disponía a encender la televisión para ver un partido, su esposa entró en la salita, tomó los dos niños de la mano, y dijo: "Vamos arriba a echar una siesta". Después de acostarlos, entró de nuevo, y expresó: "Voy a comprar ahora, y espero que podrás disfrutar de este partido sin que se te interrumpa. He descolgado el teléfono para que no te moleste ninguna llamada". Lo que le asombró a él, fue que su esposa recordara el comentario que había hecho hacía varias semanas, y hubiera evidentemente buscado la oportunidad de hacer algo al respecto. En agradecimiento, él comenzó a trabajar en algunos proyectos de la casa que tenía muy atrasados.

Algunos hechos de las relaciones humanas son tan fáciles de predecir como las leyes naturales; y, según lo demuestra el ejemplo anterior: *nadie puede cerrar continuamente los ojos a las acciones consideradas y amorosas.* Si haces que tu esposo se sienta alguien especial, aumentará su deseo de hacer lo mismo por ti. (No obstante, si tu esposo se aprovechara, utiliza la idea en cuanto a compartir tus sentimientos que aparece en el capítulo 11.)

Enumera en los espacios de más abajo cinco peticiones que tu esposo ha hecho o dado a entender. Podría tratarse de una prueba deportiva que él quiere presenciar o de una actividad que ha estado deseando llevar a cabo —o quizás de una comida especial que no has hecho hace mucho tiempo, o de uno de sus postres favoritos. Al comenzar a satisfacer algunos de sus deseos pasados, puede ser que no recibas ningún estímulo inmediato de parte de él; e incluso tal vez te diga: "¡Ya era hora!" En los momentos difíciles depende de la pura fuerza de voluntad para ver cumplido este proyecto; porque cuanto más lo hagas, tanto más satisfactorio llegará a ser para ti.

1. _____
2. _____
3. _____
4. _____
5. _____

3. *Busca oportunidades ocasionales para llamar la atención sobre las cualidades positivas de tu esposo cuando se encuentra con otra gente.* Por ejemplo: Alábale delante de tus hijos, atrayendo la atención de éstos hacia las cualidades positivas del carácter de su padre. Si están con amigos, y él dice algo que vale la pena, exprésale tu opinión de que eso tiene mucho sentido y pídele que lo explique más ampliamente. O cuenta a tus amigos o parientes un incidente específico de la semana anterior que ponga de relieve una de sus virtudes. Por ejemplo: "Eduardo es muy considerado con mis sentimientos. El otro día, no había dicho ni una palabra en cuanto a cómo me sentía, pero él podía reconocer que estaba desanimada. Entonces, vino y me puso su brazo alrededor; expresándome que sabía que me encontraba preocupada y preguntando cómo podía ayudarme".

No alcanzo a exponer lo bien que me siento interiormente cuando alguien me cuenta de vez en cuando algo positivo que mi esposa ha dicho de mí. Ello me hace sentir apreciado; y quiero ir a casa lo antes posible para rodearla con mis brazos.

4. *Haz un esfuerzo por apreciar la ocupación de tu esposo; y trata de comprender cuán importantes considera él sus actividades laborales.* Muchos hombres se sienten frustrados en cuanto a sus trabajos, ya que piensan que nadie aprecia realmente su mérito o valía, sus talentos ni sus habilidades. Cuando estimas lo que hace tu esposo, es posible que se convierta en la única esperanza de éste para obtener un sentimiento genuino de valor personal. Hasta que él crea que vale algo, tendrá difi-

cultad para concentrarse en el valor de otros —incluyéndote a ti.

Nunca menosprecies el trabajo de tu esposo o restes importancia a las actividades laborales que él realiza. Nada destruye más el amor propio de un hombre que el oír a su esposa rebajar los esfuerzos que hace para mantenerla. Aunque quizás no critiques dichos esfuerzos, puedes restarles importancia no prestándoles atención. Si no eres capaz de explicar a alguien, de un modo preciso, cuáles son las responsabilidades laborales de tu esposo en un día de trabajo normal, no sabes suficiente acerca de la ocupación de éste. Sin embargo, no trates de obtener dicho conocimiento de una sentada; sino que investiga durante un determinado período de tiempo, haciendo unas pocas preguntas cada vez con objeto de conseguir una comprensión más clara de cómo pasa el día, los tipos de proyectos en los que trabaja, y de qué manera afectan o respaldan sus responsabilidades a sus compañeros (ten cuidado de no implicar por la forma en que haces las preguntas que piensas que él holgazanea en el trabajo). También, tal vez él mismo rebaje su trabajo con pequeños comentarios. Cuando un hombre se siente poco importante a causa de su ocupación, eso le desgarra en lo más profundo. Ayúdale a descubrir el valor de lo que hace.

5. *Considera cuidadosamente lo que dice tu esposo sin reaccionar precipitadamente de un modo negativo.* No estoy promoviendo una obediencia ciega; sino más bien la escucha receptiva. Con frecuencia, exigimos salirnos con la *nuestra* en asuntos que se hubieran podido resolver de otra manera sin crear grandes problemas. Si tienes la tendencia a reaccionar inmediatamente en cuanto oyes las ideas de tu esposo, disciplínate para retener su reacción hasta que todo el pensamiento de éste "te cale" y hayas tenido la oportunidad de considerar su idea plenamente. De esa forma evitarás la tensión innecesaria en tu relación conyugal; y a él le gustará más estar contigo. Este es un buen momento para introducir el concepto de sumisión. La sumisión es una hermosa enseñanza bíblica que ilustra de la mejor manera el amor genuino; por desgracia se ha usado mal hasta el punto de que hoy la palabra está cargada de connotaciones desagradables. Probablemente, el abuso mayor ha procedido de las manos de esposos equivocados y de "líderes" que tienen la errónea idea de que autoridad significa "mandar"; hacer decisiones sin tomar en consideración a aquellos que se encuentran bajo su autoridad.

Jesús dijo, tanto en palabras como con su ejemplo, que cualquiera que desea ser líder o dirigente, debe primero aprender a ser siervo de todos (Mateo 20:26, 27). *Los líderes son amables; y sirven —se someten—*

y escuchan a aquellos a quienes han de guiar.

Cuando un esposo ama a su esposa con comprensión, delicadeza, cariño y comunicación, a ésta le resulta relativamente fácil someterse a él como persona; pero aun en el caso de que tu esposo no sea alguien amoroso, deberías practicar la sumisión: el amor en acción. Tal cosa le comunica a tu esposo que es una persona valiosa, y que sus necesidades tienen en ese momento más importancia que las tuyas. (Igualmente importante es el hecho de que los esposos han de someterse a sus esposas; más acerca de esto en el libro dirigido a los esposos, Efesios 5:2.)

Resumen de este secreto bíblico especial: la *sumisión*

- Me someto a Dios. Le pediré y esperaré que él satisfaga todas mis necesidades (Salmo 62:1; Filipenses 4:6, 7, 19).
- Me doy cuenta de lo valiosa que soy para Cristo, porque él dio su vida por mí (Juan 3:16).
- Mientras espero que mis necesidades sean satisfechas por medio de Cristo, atenderé a aquellas de los que están a mi alrededor. Me olvidaré de las mías propias, porque Dios cuida de ellas (Efesios 3:19, 20), concentrándome en lo que puedo hacer por otros (Juan 15:11, 12).

6. *No dejes que pasen dos días sin expresar aprecio al menos por una cosa que tu esposo haya dicho o hecho durante esas cuarenta y ocho horas.* Sólo como recordatorio. No te olvides de que es mucho más agradable estar con gente que hace a uno sentirse especial que con aquellos con quienes no es así.

7. *Utiliza la sensibilidad que tienes para detectar las metas personales de tu esposo, y préstale tu apoyo a medida que persigue esas metas.* Las metas personales de tu esposo pueden incluir el ascenso en la compañía donde trabaja, un sueldo más alto o ciertos pasatiempos especiales. Un tejano, hombre de negocios de gran éxito, me dijo que su esposa siempre había apoyado mucho sus objetivos personales. Una vez que supo lo importante que era para él el ser respetado en su campo, le ayudó de diferentes maneras para que consiguiera su meta: mejorando su gusto en cuanto al vestir, animándole a que desarrollara buenos hábitos de aseo, etc. (El hombre aceptó la ayuda de su esposa en esta área porque ella no le impuso sus opiniones.) También le estimuló en momentos durante los cuales él tenía ganas de abandonar, y le elogiaba cada vez que alcanzaba uno de sus objetivos.

8. *Comienza a admirar a tu esposo de maneras que nos sean verbales.* Los estudios de la comunicación entre esposos y esposas, han demostrado que las palabras son sólo responsables del 7 por ciento de dicha comunicación. El 38 por ciento de la misma se expresa mediante el tono de la voz, y el 55 por ciento por medio de las expresiones faciales y de los movimientos del cuerpo. En otras palabras: Cuando dices algo a tu esposo, los términos que utilizas, en sí, sólo dan cuenta de un 7 por ciento del sentido que le transmites. Tomemos por ejemplo la frase: "Te amo". Esta se puede expresar de una manera que comunica: "Pues claro que te amo; ¿acaso no soy yo quien paga el alquiler?"; o bien: "Te quiero; y no podría vivir sin ti"; o asimismo: "Necesito que satisfagas mis necesidades ahora mismo". Esta es la razón por la cual he oído a tantas esposas responder a los "te amo" de sus esposos con: "Pues, desde luego, tienes maneras bastante extrañas de demostrarlo". He aquí unas pocas formas *sin palabras* de mostrarle a tu esposo lo importante que es para ti:

1. Está atenta a sus preocupaciones cuando llega a casa.
2. Ten el aspecto más atractivo posible cuando él vuelve de trabajar.
3. Prepara comidas apetitosas.
4. Muestra interés y haz preguntas acerca de su trabajo, sus actividades, problemas y logros.
5. Escúchale atentamente enfocando tus ojos en él.
6. No le hagas competir con la televisión, los platos o incluso los niños cuando él trata de hablarte.

9. *Desea y busca verdaderamente el perdón de tu esposo siempre que le ofendas.* Tanto los hombres como las mujeres tienden a evitar a aquellos que les ofenden. (Una de las quejas más corrientes que expresan los hijos acerca de sus padres es que éstos nunca admiten que han hecho mal.) La clave para hacer "borrón y cuenta nueva" con tu esposo, no es diciendo "lo siento"; esa es una frase que hasta los niños explotan para librarse de unos azotes. Cuando alguien nos ha ofendido, por lo general no queremos oír un fácil "lo siento", sino saber que la persona se da cuenta de que ha hecho mal y nos ha herido. Creo que hay muchas "maneras indebidas" de pedir perdón y lo son, porque no nos ponen en armonía con aquel a quien hemos ofendido, y puede que no comuniquen el valor que la persona tiene para nosotros. Evita, por ejemplo, el decir:

1. Lo siento *si* estaba equivocada; *espero* no haberte herido.
2. Siento haber hecho eso; no tenía realmente la intención de herirte con ello.

3. Siento haber dicho lo que dije, pero tú tampoco hiciste bien.
4. Lo siento. La próxima vez trataré de ser más cuidadosa.

Con disculpas como esas, tu esposo no sentirá que estás aceptando plena responsabilidad por la acción; y de este modo, minimizas el grado en el que le has ofendido, o la parte que has tenido en infligir la herida. Como resultado de ello, quizás él crea que tu disculpa es insincera; y aunque puede que diga: "Te perdono", estará pensando para sí: "Realmente no lo siente en absoluto. Sólo trata de liberarse de su sentimiento de culpabilidad".

Una de las mejores maneras que he encontrado para pedir perdón, es por desgracia la más difícil y la menos original. Lo único que requiere es que vayas a tu esposo, le mires a los ojos, y digas: "He hecho mal al decir (hacer) lo que dije (hice). ¿Me perdonas?" Cuando pides perdón de esta forma, sucederán dos cosas: En primer lugar tu esposo deseará restaurar la relación, y estará más dispuesto a perdonarte; y segundo: es probable que esto ejerza presión sobre él para que en el futuro te pida perdón por las maneras en que te haya ofendido. Y como un beneficio secundario, le hace sentir importante —le estarás diciendo de un modo indirecto que te preocupas lo suficiente por él como para no dejarle resentido.

## Expresa una actitud positiva en forma constante

Mientras estaba en la universidad salí con muchas chicas distintas; y por último conocí a una que tenía cierta *cualidad* que me atraía como un imán. Aunque todavía salía con otras, llamaba a ésta casi todos los días y pasaba una o dos horas hablando con ella por teléfono.

Esa cualidad magnética que seguía haciéndome correr al teléfono, era la actitud positiva de aquella chica. Siempre resultaba muy divertido hablar con ella, ya que nunca hacía ni incluso decía cosas negativas. En lugar de ello, siempre se mostraba alentadora y optimista. Cuatro años después nos casamos; y hoy, tras catorce años de matrimonio, su concepto positivo de la vida sigue siendo una fuente tremenda de gozo y fortaleza. Ella utiliza su vigilancia y conciencia para mirar más allá de las cuestiones superficiales; y a menudo ve beneficios en situaciones que a mí me parecen oscuras y desesperadas.

Si deseas que tu esposo ansíe pasar más tiempo de afinidad contigo, es esencial que desarrolles y expreses una actitud positiva. Quizás digas:

"Si conociera a mi esposo... si supiera por lo que estoy pasando... me es sencillamente imposible desarrollar una actitud positiva". Simplemente hazte estas preguntas:

- ¿Cómo actúo en presencia de nuestros invitados a cenar cuando tengo dolor de cabeza?
- ¿Cómo actúo cuando tengo prisa en el supermercado y me topo con una amiga que se encuentra en dificultades?

Por lo general nos resulta fácil, o por lo menos necesario, tener una actitud positiva cuando nos hallamos con nuestros amigos y socios. ¿No estás de acuerdo en que nuestro cónyuge se merece la misma consideración?

Cuando tu esposo llega a casa del trabajo, lo peor que puedes hacer es recibirle con un comentario negativo acerca de algo que él se ha olvidado de llevar a cabo o de algún desastre al que te has enfrentado durante el día.

No estoy diciendo que no debas hablar nunca de cosas negativas; pero subrayo que existe una forma y un momento apropiados para hacerlo. Espera hasta que él haya tenido la oportunidad de descansar o hasta que la casa esté tranquila después de haberse acostado los niños. Si una cierta situación negativa es tan importante que necesitas confrontar a tu esposo con ella en cuanto él llega a casa, entonces utiliza el principio de la sal (capítulo 5). Los recibimientos negativos deberían ser la excepción, no la regla. Sería mejor que la llegada de tu esposo al hogar fuera lo más sosegada posible (a menos que la policía acabe de arrestar al hijo de ustedes, o Rentas Internas quiera verificar su declaración de impuestos inmediatamente).

¿Te has preguntado alguna vez por qué la gente se siente más atraída por lo negativo que por lo positivo? La respuesta es sencilla: nuestra misma naturaleza tiende a ser negativa. Parece que, sin importar cuán buena sea una situación, siempre logramos encontrar algo negativo en la misma. Por ejemplo: ¿Cuál de estas series de números te atrae la atención?

$$2 + 2 = 4 \quad 5 + 6 = 11 \quad 7 + 8 = 17$$
$$8 + 8 = 16 \quad 8 + 8 = 16 \quad 9 + 11 = 20$$

¿Y cuál de las cinco palabras de más abajo?

leer     amor     crespo     varril     listo

Date cuenta de que tus ojos se fijan automáticamente en el problema incorrecto (7 + 8 = 17) y en la palabra mal escrita (varril).

Todos tendemos a reparar en lo negativo; por lo tanto, la mayor parte de la información en los periódicos y en los programas de televisión, gira alrededor de asuntos negativos. Esa es también la razón de que a todos nos gusta un "sabroso chismecito inofensivo".

La manera negativa de pensar, especialmente acerca de nosotros mismos, es una de las causas principales de que tengamos una perspectiva totalmente pesimista de la vida. Lo que nos decimos acerca de cierto problema tiene en realidad un efecto mayor sobre nuestros sentimientos que el problema en sí. Todos somos propensos a auto-bombardearnos con frases cortas como: "Soy un inútil", "soy un fracasado", "no logro hacer nada bien", "él no me aprecia", "este tipo me está volviendo loco", "estoy a punto de estallar", "me estás dejando de una pieza", "estoy hastiado de este asunto". Todas esas lacónicas expresiones negativas que se concentran en el lado malo de las cosas, producen una actitud negativa; y el resultado final de una vida de pensamiento negativo, es la frustración, la desesperación y la depresión. De hecho, cierto siquiatra me dijo una vez que él cree que tres palabras por sí solas pueden mantener encerrada a una persona en un sanatorio mental: "Si tan sólo. . ."

Es muy importante que comprendamos que gran parte de la depresión y del desaliento que experimentamos a veces está relacionada directamente con los pensamientos negativos. Si a las nueve de la mañana empezamos a pensar: "Soy un inútil", "soy un fracasado", o "él no me aprecia", para las once estaremos deprimidos.

Nuestros sentimientos son una *consecuencia* de lo que pensamos y/o hacemos. Si nuestra manera de pensar y nuestras acciones son positivas en cosa de pocas horas nuestros sentimientos también lo *serán* (las Escrituras nos enseñan acerca de las personas que: "cual es su pensamiento en su corazón, tal es él". Proverbios 23:7).

## Consiguiendo una actitud positiva

En cierta ocasión aconsejé a una joven esposa que había sido atacada sexualmente cuando era niña; y por la expresión de su cara podía ver que todavía se sentía desalentada y afligida acerca del incidente, y que la avergonzaba hablar del mismo. La mujer se creía defraudada por la vida, y estaba de algún modo resentida con Dios por haber permitido que le sucediera una cosa tan horrible. Aunque era todavía incapaz de eliminar su profundo sentimiento de vergüenza en cuanto a toda aquella situación, comenzó a expresar cómo se sentía acerca de la misma como persona adulta.

Yo empecé diciéndole que a menos que ella pudiera ver primero los beneficios que resultaron del ataque, nunca quedaría libre del resentimiento, de la vergüenza y de la actitud negativa procedentes de su experiencia. Ella me miró como si estuviera loco, y preguntó: —¿Qué beneficios?

—Le voy a hacer una pregunta muy difícil basada en dos textos de la Escritura —contesté—: 1 Tesalonicenses 5:18 y Romanos 8:28. ¿Cree que podría ahora mismo dar gracias a Dios por *haberle sucedido* aquello?

—Tiene que estar bromeando —dijo ella—. Nunca sería capaz de agradecer eso a Dios. La única cosa por la que podría estar agradecida es por no haberme quedado trastornada mentalmente a causa del ataque. Y lo estoy.

—No le pido que se sienta "agradecida" porque aquello fue una experiencia horrible; sino solamente que esté dispuesta a decir: "Gracias Dios por aquel ataque; porque sé que puedes convertirlo en algo bueno para mí. Sólo que ahora no acierto a ver lo bueno del mismo". (Isaías 61:3; Romanos 8:28).

Ella pensaba que no podía hacerlo; lo cual resultaba comprensible. Sin embargo, le dije que le era posible abrirse paso a través de sus sentimientos, y entonces le pregunté si quería que la ayudara. La mujer respondió: —Por supuesto.

—En primer lugar, consideremos sus salidas con chicos antes de contraer matrimonio. ¿Dejó alguna vez que alguno se aprovechara de usted sexualmente?

—¡Desde luego que no! —replicó—. Después de lo que aquel hombre me hizo, me dije que ningún otro se aprovecharía de mí *nunca* más.

—Así que, en otras palabras, por haberle sucedido aquel ataque cuando era niña, jamás se involucró en ninguna inmoralidad estando en la escuela secundaria o en la universidad. Por consiguiente, se ha evitado las heridas que pueden resultar de una relación ilícita; e incluso es posible que aquello la haya salvado de las consecuencias de un embarazo antes del matrimonio. Esencialmente, aquel hombre le puso una vacuna que quizás la habrá librado de problemas peores —le dije.

—Sí, nunca he pensado en ello de esa manera; pero eso fue exactamente lo que sucedió —me respondió.

—Y ahora voy a mostrarle lo más importante de todo: Usted recibió un regalo en el mismo momento en que tuvo lugar el ataque. ¿Sabe a lo que me estoy refiriendo?

—No, ¿qué es?

—Una cualidad inestimable que la capacitará para amar mejor a otros de un modo auténtico; es decir: una *mayor sensibilidad*. ¿Cómo está usted de vigilante en cuanto a las necesidades de sus hijos y de su esposo?

—¡Muy vigilante!

—Lo puedo creer. No es sino natural el que cuando algo terrible nos pasa, nos hagamos aun más conscientes de los sufrimientos de aquellos que nos rodean, y más sensibles a dichos sufrimientos. La consciencia de tales cosas y la sensibilidad se convierten entonces en la base del amor genuino: ser capaz de detectar las necesidades de otra persona, y tener la motivación para satisfacerlas de la forma más efectiva.

Continué preguntándole con qué clase de hombre se había casado. ¿Se trataba de alguien insensible o delicado? Y ella me dijo que su esposo era muy amoroso, tierno y delicado, y que le consideraba un hombre maravilloso. Tanto al uno como al otro, se nos fue haciendo cada vez más evidente que, por el hecho de haber sufrido el abuso de un hombre, ella había llegado a estar más consciente de la necesidad que tenía de un esposo delicado y compasivo; y la mujer se dio cuenta de que la experiencia la había "sensibilizado" al tipo de cónyuge que necesitaba en realidad.

Para cuando abandonó mi oficina, aquella joven esposa tenía todas las razones que precisaba para dar gracias a Dios por su pasado. Después de haber sido esclava de los sentimientos negativos durante años, quedó liberada meditando en los factores positivos implicados.

El primer paso para conseguir una actitud positiva es descubrir los beneficios de cierta situación negativa (a propósito, todavía no he oído de ninguna situación a la que le falten elementos positivos). A menudo parece, que cuanto más trágica es la situación, tanto mayores son sus consecuencias positivas. No estoy diciendo que el resultado beneficioso de una situación negativa justifique dicha situación. Desde luego que no. Lo que digo es que a medida que reconocemos el *lado positivo* de una situación negativa, podemos ser liberados de las cadenas que nos atan al sentimiento de culpabilidad, al resentimiento, a la desesperación y a cualquier otra actitud negativa que nos haya tenido cautivos.

Con este principio debo incluir dos advertencias: Primeramente, no estoy proporcionando una excusa para hacer algo que está mal con el pretexto de que de ello saldrá algo bueno. Creo que esa forma de razonamiento es superficial y desviada, ya que el malhechor siempre lleva las de perder (Lucas 17:1, 2). En segundo lugar, la gente que está sufriendo a causa de una tragedia no necesita afirmaciones petulantes tales como: "Estoy seguro de que, si lo intentas de veras, podrás encontrar algo bueno en esto". Así que primero sé sensible a tus emociones y a tus necesidades inmediatas de *consuelo*. Luego, en el momento oportuno, una vez que has extendido graciosa y delicadamente el consuelo cariñoso, puedes comenzar a ayudarles para que vean los beneficios de sus problemas.

Cuanto más descubras los beneficios inherentes a *tus propias dificultades*, tanto más positiva llegará a ser tu actitud; y como resultado de ello, tu esposo deseará pasar más tiempo contigo.

## Concentra más energía e interés en tu belleza interna que en tu aspecto exterior

Es evidente que tanto las mujeres como los hombres dedican por lo general más tiempo y energía a asearse exteriormente que a fortalecer sus cualidades interiores. Una mujer debería hacer cuanto pudiera con objeto de resultarle físicamente atractiva a su esposo.

Sin embargo, la belleza externa sólo atraerá la *vista* de un hombre; pero la hermosura interior guardará su *corazón* (1 Pedro 3:1–6).

En el capítulo 6 tratamos en detalle varias cualidades de belleza interior que pueden derretir el corazón de casi cualquier hombre: el valor, la perseverancia, la gratitud, la calma, la delicadeza, y el amor genuino. Para tu comodidad, voy a repasar en forma resumida las definiciones prácticas de cada una de dichas cualidades:

| | |
|---|---|
| 1. Valor: | El *compromiso* interior de perseguir una meta digna de ser alcanzada sin abandonar la esperanza de lograrla. |
| 2. Perseverancia: | *Continuar* persiguiendo un objetivo hasta que se logra. |
| 3. Gratitud: | Un *reconocimiento* sincero por los beneficios recibidos de otros. |
| 4. Calma: | *Paz* interior que le permite a uno responder sosegadamente y sin temor a una situación de tensión. |
| 5. Delicadeza: | Mostrar una *consideración tierna* por los sentimientos de otro. |

6. Amor genuino:  Satisfacer las *necesidades* de otra persona antes que las de uno mismo.

A medida que desarrollas estas cualidades, tu esposo querrá pasar cada vez más tiempo contigo.

## Compite con todos los intereses de él

Toda esposa necesita hacerse a sí misma estas incisivas preguntas:

"¿Por qué querría mi esposo pasar más tiempo conmigo?"

"¿Querría *yo* misma pasar más tiempo conmigo?"

"¿Qué puedo hacer para ser más atractiva?"

"¿Qué puedo hacer para llegar a ser más atractiva a mi esposo?"

"¿Cómo puedo hacerme más atractiva que sus otros intereses?" El primer paso para competir por la atención de tu esposo es hacerte más interesante y atractiva. Cierta mujer, por ejemplo, resentía profundamente el hecho de ocupar un segundo lugar después de otra gente o del trabajo del esposo. Tras albergar dicho resentimiento por varios años, finalmente comenzó a entender POR QUE prefería él la compañía de otros. Durante un viaje particularmente desdichado, ella había estado malhumorada y gruñona la mayor parte del tiempo debido a que su esposo se hallaba ocupado con otra gente. Después de meditar mucho sobre el asunto, *se dio cuenta* de que su esposo no quería pasar tiempo con ella, sencillamente, porque las cosas que a ella le gustaban no eran interesantes para él (visitar tiendas de modas, joyerías, etc.).

Una vez terminada aquella lastimosa vacación, la mujer decidió hacerse más atractiva y fascinante. De modo que mientras su esposo realizaba un viaje prolongado, ella determinó llevar a cabo algunos cambios personales drásticos: adelgazó, cambió de peinado y compró unas pocas prendas de moda. Pero *lo más importante de todo*: comenzó a cambiar algunas de sus actitudes; e hizo un esfuerzo especial para desarrollar cualidades de belleza interior. Cuando su esposo la vio esperándole en el aeropuerto al volver de su viaje —según él mismo dijo—, se preguntó sinceramente: "*¿Quién es aquella rubia tan guapa de las gafas de sol?*" El hombre no podía creer la diferencia; y no sólo empezó a pasar más tiempo con su "nueva" mujer, sino que se hizo más atento en áreas en las cuales nunca había mostrado sensibilidad en absoluto.

¿Qué aspecto tienes cuando tu esposo vuelve a casa del trabajo cada día? ¿Estás peinada? ¿Qué me dices de tu atuendo? ¿Está la mesa puesta de un modo atractivo y ordenado, cuando él entra en la cocina o en el comedor para cenar? ¿Preparas algunos de los alimentos que le gustan de veras a tu esposo de la manera que a él le gustan? Descubre cómo puedes ser tan atractiva en cada área de tu vida, que tu esposo prefiera estar contigo antes que con ninguna otra persona o cosa (recuerda que este esfuerzo no es solamente por tu propio beneficio, sino también por el de tu esposo, en todas sus relaciones —especialmente con los hijos).

El segundo paso para competir por tu esposo, es mostrarle admiración o respeto sinceros. El anhela recibir tales cosas, y se sentirá atraído hacia aquellos que admiren y estimen su personalidad o su talento. Esta necesidad de ser admirados motiva a los hombres a pasar horas en comités, presentándose para candidaturas políticas, o tomando parte en diferentes deportes de competición. De hecho, muchos varones compiten en pruebas agotadoras sólo para recibir un trofeo: el símbolo tangible de la proeza.

El tercer paso para rivalizar por la atención del esposo, requiere que muestres más interés en la vida de él que ninguna otra persona: más que sus amigos, que sus compañeros de la oficina o que ninguno de sus socios. Imagínate el impacto que tendría en tu relación el que cada día dieras a tu esposo una dosis de interés verdadero. Probablemente dejaría más temprano a sus amigos o su trabajo para llegar a casa y estar contigo. ¡No te rías! Es posible.

Recuerdo a cierta mujer joven que vino a mi oficina deshecha y perturbada emocionalmente, después de que su esposo le dijera que había estado teniendo relaciones con otra mujer. El hombre planeaba dejarla, aunque se quedaría hasta que naciera su bebé. Cuando le dijo aquello, la mujer se puso histérica. Según ella expresó: "Al pensar en perderle, me puse tan alterada que mi misma reacción le repelió; y estoy segura que incluso mi expresión facial le comunicó una fealdad insoportable".

Las semanas que le quedaban serían para aquella esposa algo de inestable valor; y yo le sugerí que utilizara cada momento disponible para competir con la otra mujer. Eso fue lo que hizo. Recordó algunas de las comidas predilectas de su esposo y las preparó. Apuntó los intereses de él y comenzó a centrar sus conversaciones en los mismos. Prestando atención a su aspecto físico, trató de tener la mejor apariencia posible cada noche cuando él volvía a casa del trabajo. Y, sobre todo, nunca exigió que su esposo se quedara en el hogar; aunque sabía que probablemente salía para estar con la otra mujer. Se hizo más elocuente en cuanto a mostrar su admiración por él, y comenzó a hacer cosas pequeñas las cuales pensó que le significarían mucho. Al principio, el hombre resistió los esfuerzos de su esposa, diciéndole que estaba perdiendo el tiempo; *pero ella perseveró.*

En un plazo de tres meses, aquel esposo había dejado de tener relaciones con la otra mujer debido a los cambios que observó en su esposa; expresando que veía en ella una belleza que nunca antes había contemplado: aquella hermosura interior que tanto le costó desarrollar. Su gran interés por su esposo, más su sensibilidad para con las necesidades de éste, habían superado cualquier cosa que la otra mujer pudiera ofrecer.

## Utiliza tu incomparable cualidad femenina de la delicadeza

¿Te has visto alguna vez empujada hasta el punto de perder el control de ti misma? El gritar, maldecir y romper cosas en arranques de ira *pueden* ser causados por la necesidad de una relación más profunda con tu esposo. Al dejar él de satisfacer esa necesidad, llegas a estar tan frustrada que explotas de vez en cuando. Puede que tales arrebatos cambien la colocación de los muebles; pero no consiguen nada en cuanto a cambiar el comportamiento de tu esposo.

Tengo la seguridad de que estás profundamente consciente de las deficiencias de tu esposo; no obstante, es de la máxima importancia el que te refrenes en lo referente a encararle con ellas cuando te encuentres airada. Como ya he dicho, los hombres tienen la tendencia a luchar con su conciencia; y si te conviertes en la conciencia de tu esposo, él peleará contigo o huirá de ti. Sea cual sea el camino que escojas, habrás dejado de alcanzar tu meta de pasar más tiempo con él.

Necesitas explicar a tu esposo lo transcendental que es pasar tiempo juntos; pero hazlo de una manera amable y amorosa, y en el momento oportuno. Expónle cuáles son algunas de las ocasiones importantes que te gustaría pasar con él: aniversarios, cumpleaños, fiestas, y otros momentos que sean especiales para ti. *Luego, averigüa qué ocasiones querría él compartir contigo.*

También es importante discutir los tipos de actividades que quisieras que realizaran juntos. Es decir, aquellas ocasiones en las que te gustaría estar a solas con él, o salir con amigos, con tus hijos o sin ellos (¿Nunca has probado ir a acampar con él solo? Recuerda únicamente que cuando el sol se pone, quedan un par de horas durante las cuales puede tener lugar una magnífica comunicación ininterrumpida). Hazle saber que cuando te dedica tiempo se está haciendo realmente un favor a sí mismo; y explícale que cuanto más íntima se haga la relación entre ustedes, tanto más sensible serás en lo referente a satisfacer sus necesidades físicas. Explícale asimismo que a medida que su relación crezca, tendrás un deseo mayor de hacer cosas especiales para él: prepararle comidas especiales, vestirte de la manera que él prefiere, asistir a eventos deportivos en su compañía... Creo que una de las mejores maneras que tienes de reconocer y satisfacer las necesidades únicas de tu esposo, es desarrollando y manteniendo una comunicación abierta por medio de la creciente relación con él.

A menudo me pregunto qué es lo que ha provocado el que algunas mujeres coman hasta ponerse obesas. ¿Creerías que una de las razones de ello es la falta de comunicación? Es cierto; me he dado cuenta de que el comer compulsivo de tales mujeres con frecuencia está directamente relacionado con unos esposos apáticos. Simplemente el sentimiento de tener una relación incompleta puede hacer que ciertas mujeres se vuelvan hacia el refrigerador en busca de consuelo. A medida que una mujer engorda, el rechazo de su esposo, unido a sus propios sentimientos de culpabilidad, pone aún más presión sobre ella; y, entonces, frustrada y nerviosa, se vuelve más compulsiva en cuanto al comer. La única manera en que ella puede salir de este círculo vicioso, es comunicando a su esposo —de una forma delicada— que necesita su comprensión y aceptación.

Al explicar a tu esposo de una manera delicada, amorosa y tranquila, los sentimientos y las necesidades que tienes, se hace obvio que no estás siendo egoísta al pedirle que pase ratos de afinidad contigo. La falta de tiempo con él, te afecta y afecta tu relación con él.

## Solicita la opinión de él en tus áreas de interés

Una de las asignaturas principales de Vilma en la universidad era la economía doméstica. Vilma es una mujer sumamente creativa y no necesita ninguna ayuda de su esposo para decorar una habitación. Ya sea escogiendo papel para la pared o una alfombra, seleccionando lámparas o disponiendo los muebles, es capaz de crear exactamente la atmósfera que desea en un cuarto por medio de una decoración de buen gusto. Víctor está consciente de la habilidad de su esposa; y se da cuenta de que no necesita asistencia en lo referente a amueblar su casa. Sin embargo, en muchas ocasiones ella ha hecho que él se sienta necesario y apreciado al pedir su opinión en cuanto a muestras de alfombras, tejidos, etc. Vilma nunca menosprecia el gusto de su esposo, y, como resultado, éste me dice que siempre espera con ilusión poder hacer cosas con ella.

Muchos hombres aprecian el que sus esposas les pidan ayuda. La mía siempre consigue que me una a ella con sólo empezar un proyecto de reparación. Si ella solicita que yo lo haga, por lo general no estoy interesado; pero tan pronto como la veo luchando con algún arreglo, me meto de inmediato en el asunto y lo hacemos *juntos*. Me gusta de veras cuando ella pide amablemente mi ayuda sin exigir que se la preste, y luego expresa gratitud por haber dado de mi tiempo. Quizás pienses: *¿Por qué debería una mujer hacer todo eso para conseguir que su esposo pase tiempo con ella? ¡Sencillamente no parece justo!* Estoy de acuerdo contigo. Pero el hecho es que los hombres son búfalos y las mujeres mariposas. Tu búfalo no obtendrá nunca la sensibilidad de mariposa a menos que le proporciones la motivación que necesita.

No obstante, al llegar a este punto, deberías estar en guardia contra varios peligros. En primer lugar, cuando solicites la ayuda de tu esposo, no le critiques por hacer el trabajo peor que lo habrías hecho tú misma. El criticar su labor es la manera más rápida de desanimarle en cuanto a trabajar contigo de nuevo. Si él hace algo que no alcanza el nivel que esperas, muérdete la lengua.

En segundo lugar, si tu esposo te da una respuesta que no te gusta cuando le has pedido consejo, no empieces una discusión. Puedes evitar fácilmente el discutir, si le presentas opciones a las que sabes él será capaz de conformarse. Por ejemplo: Si quieres la opinión de él acerca del papel para empapelar, no le des un muestrario que tenga quinientas muestras. Reduce el campo a varios diseños diferentes que te satisfagan; y entonces pídele que decida cuál de esos diseños prefiere. Si no le gusta ninguno, vuelve a estudiar los muestrarios y tráele algunas opciones más.

Mi última advertencia es: Sé selectiva en cuanto a pedirle ayuda; y nunca le hagas sentirse violento.

Inmediatamente después de terminar la escuela para graduados, nuestros ingresos eran demasiados bajos como para que pudiéramos comprar cortinas confeccionadas para la sala de nuestra casa; así que Norma las hizo con mi asistencia. Después de recibir un curso intensivo acerca de cómo utilizar la máquina de coser, trabajé con mi esposa casi desde el principio hasta el fin en aquellas cortinas. No eran las más bonitas del mundo, pero disfrutábamos de ver nuestro logro juntos —y yo empecé a apreciar más todas las cosas pequeñas que lleva consigo el coser a máquina y hacer cortinas.

¿Suena bien, verdad? ¡No!

Nunca olvidaré el día en que iba conduciendo calle abajo con el presidente de la junta de educación en la cual trabajaba, y él expresó: "Estaba hablando con su esposa, y ella me ha dicho que usted la ha ayudado a hacer una cortinas". Luego me lanzó una mirada rara, y preguntó: "¿De verdad le gusta coser?" Yo quedé tan avergonzado, que prometí solemnemente nunca más ayudar a mi esposa en ninguna área que pudiera ser mal interpretada por otros. Si ella hubiera dicho algo como: "Aprecié de veras la ayuda de mi esposo para diseñar nuestras cortinas", eso no hubiera sido tan violento; pero me sentí ridículo cuando la gente supo que realmente me había sentado a su máquina de coser y hecho cortinas. Y todavía fue peor que me preguntaran si de verdad me gustaba coser. Ahora que soy más "maduro", no me importaría admitir algo así; pero en mi juventud resultaba demasiado para mi ego.

Los seis factores motivadores que hemos tratado en este capítulo, verdaderamente dan resultado. Sería imposible para alguien desarrollarlos y aplicarlos todos de la noche a la mañana; pero con el tiempo tendrás innumerables oportunidades para utilizar cada uno de ellos. Cuando lo hagas, encontrarás que tu esposo se deja atraer por tu admiración y respeto; y tu actitud positiva representará una fuente de aliento y fortaleza de la que él empezará a depender más y más. De este modo todos saldrán ganando debido a tu compromiso con él.

## Para meditación personal

1. ¿Por qué habría de creer un esposo a la Palabra, sin que su esposa dijera ni una palabra? 1 Pedro 3:2. 2. ¿Cómo se aplica Romanos 12:10 a la palabra *sumisión*? Define detalladamente esta palabra para tu propia relación conyugal.

## 8. Cómo conseguir la atención completa y constante de tu esposo

*"Mujer virtuosa, ¿quién la hallará? Porque su estima sobrepasa largamente a la de las piedras preciosas" (Proverbios 31:10).*

En un viaje que hice a Los Angeles, California, en avión, el piloto anunció que se encontraba a bordo una mundialmente famosa cuadrilla vitoreadora de equipos deportivos, la cual estaría paseándose por los pasillos de la nave para cantar "Feliz Cumpleaños" a cualquiera que cumpliera ese mes. Cuando acabaron de cantar, pregunté si podía entrevistar a los miembros casados del grupo para un libro que estaba escribiendo. Las mujeres aceptaron amablemente, y tuve la oportunidad de pasar más de una hora con dos de ellas. La una estaba casada desde hacía un año; y la otra llevaba ya tres años de matrimonio. Ambas sabían expresarse, eran inteligentes y físicamente atractivas.

Empecé nuestra entrevista preguntándoles cuál era la desilusión particular más grande de sus matrimonios. ¿Qué respondieron? Tanto la una como la otra dijeron que era casi imposible conseguir la atención completa de sus esposos a menos que éstos tuvieran motivos ulteriores.

No me sorprendió que dieran la misma respuesta; la he oído de cientos de mujeres: jóvenes y mayores, con atractivo y sin él. Los esposos que no prestan atención parecen ser una queja universal entre las mujeres. Ambas vitoreadoras dijeron que habían abandonado toda esperanza de ver un cambio en su matrimonio; conformándose así en lo que la sociedad dice que es "algo natural".

*No es* "algo natural", ¡y se *puede* cambiar! Sin importar cuál sea tu situación, hay por lo menos cuatro formas de conseguir la atención constante y plena de tu esposo. A ambas vitoreadoras de la Liga Nacional de

Rugby les emocionó aprender cómo podían hacer que sus esposos estuvieran ansiosos por escuchar; y tú también puedes ser alentada por los cambios que son posibles mediante el uso de estos principios.

## ¡Muéstrate radiante!

Había algo en mi padre que me atraía como un imán. Muchas veces, cuando se terminaba la escuela, yo corría a su ferretería en vez de salir con mis amigos. ¿Qué era lo que me arrastraba hacia él? ¿Por qué prefería tener una charla con mi padre a muchas de mis actividades favoritas? Tan pronto como yo ponía pie en su almacén, parecía que toda su personalidad se iluminaba. Sus ojos brillaban, su sonrisa destellaba, y sus expresiones faciales transmitían inmediatamente lo contento que estaba de verme. Yo casi esperaba que él anunciara: "¡Mire todo el mundo, ha venido mi hijo!" Me encantaba aquello. Aunque en aquel entonces yo no lo comprendía, los imanes que me atraían hacia él eran esas expresiones sin palabras tan tremendamente poderosas.

El 93 por ciento de nuestra comunicación se realiza sin palabras. Por lo tanto, la mayoría de las veces, tu esposo puede ser atraído o repelido por el comportamiento sin palabras tuyo. Si él vuelve a casa del trabajo para encontrarse con una expresión facial cansada que le dice: "Madre mía. Miren quién ha venido: Don Quejas", o: "Ah, eres tú"; entonces, desde luego se sentirá repelido. En cualquier momento que lo veas, tienes que resplandecer de entusiasmo; especialmente en tus expresiones faciales y en el tono de tu voz. La luz procede del conocimiento interior de que tu esposo es valioso. Norma muestra ese brillo en cuanto entro por la puerta; y por consiguiente yo quiero pasar tiempo hablando con ella y escuchándola. Si ella se "ilumina" al mencionarse algún tema, eso aumenta mi deseo de hablar del mismo. Como resultado, me gusta escucharla, y oír sus opiniones y sus necesidades.

Cuando tu esposo "vea" las expresiones sinceras del valor que él tiene para ti será atraído hacia tu persona (1 Pedro 3:1, 2).

Los estudiantes de un curso de sicología captaron el efecto poderoso de resplandecer cuando alguien estaba hablando; y, después de terminada la clase, se reunieron sin su profesor y decidieron intentar un experimento. Acordaron que cada vez que el profesor se acercara al aparato de calefacción del aula (un radiador), se mostrarían más atentos —sentándose derechos, animando sus expresiones faciales, tomando notas con más diligencia— para parecerle a aquél lo más interesados posible sin que fuera demasiado obvio que lo estaban haciendo intencionalmente. Cada vez que su profesor se alejaba del radiador, el interés de los estudiantes en las disertaciones del hombre disminuían notablemente; y los jóvenes se miraban unos a otros con caras de aburrimiento acomodándose en sus sillas. Su experimento demostró el principio del "encenderse"; y pocas semanas después el profesor estaba dando toda la clase sentado en el radiador.

Mientras estudiaba en la universidad, decidí hacer un experimento parecido por mi cuenta. Pedí a Débora, mi sobrina de diez años, que se inventara cien frases utilizando cualquiera de los siguientes pronombres: él, ella, nosotros, ellos, ello o yo. Había decidido de antemano, que cada vez que la niña utilizara el pronombre "él", haría movimientos alentadores con mi cuerpo o expresaría sentimientos positivos con la cara o con el tono de mi voz. Cuando utilizara otros pronombres, me echaría hacia atrás en la silla, pondría cara de aburrido y mascullaría con un tono de voz indiferente.

Cuando llegamos a la frase número cincuenta, Débora estaba utilizando el pronombre "él" en cada expresión; y continuó haciéndolo hasta que terminamos. Ajena a lo que había estado llevando a cabo, mi sobrina me dijo que creía que yo había estado verificando la estructura de sus frases. No estaba consciente de su frecuente uso de "él". Desde entonces, he utilizado la técnica de mostrarme radiante para demostrar que estoy verdaderamente interesado en lo que otros dicen. También he descubierto que mi comunicación positiva sin palabras aumenta el interés de otras personas en lo que yo digo.

Te animo a que utilices esta técnica para mostrar a tu esposo lo *importante* que él es para ti. Se trata de una manera inestimable de construir una relación más amorosa.

## Aprende más acerca de los intereses y de la vocación de tu esposo

Muchos hombres permiten que sus pasatiempos favoritos se conviertan en una pasión consumidora; y viven, respiran, comen y duermen su afición o su vocación.

Cierta mujer me dijo que quería construir una relación más profunda con su "campestre" esposo, pero que no sabía nada en cuanto a cazar y pescar. Entonces decidió que la única manera de llegar a ser una entendida en los intereses de su compañero era empezar a investigar por sí misma la caza y la pesca. En realidad, no tenía ningún deseo de cazar o pescar, pero sí deseaba una relación más profunda con su esposo.

En primer lugar, le pidió a él que le enseñara a disparar una escopeta; y pasaron horas enteras en el campo de tiro mientras la mujer continuaba firmemente la necesaria práctica. La cosa siguiente en el programa fue una excursión para pescar —que resultó desalentadora para ella debido a su falta de habilidad. De modo que practicó en su jardín cómo lanzar el anzuelo, y descubrió que su disfrute aumentaba a medida que lo iba haciendo mejor. Durante las primeras semanas de "entrenamiento", llegó a estar desanimada, y pensó que todo el asunto no era más que una pérdida de tiempo; pero perseveró. Ahora que es una excelente tiradora, disfruta yendo a cazar y a pescar con su esposo. El compartir experiencias no sólo les ha unido más, sino lo que es aún más importante: les ha permitido desarrollar un interés común del que a ambos les gusta hablar. Es fácil para ella conseguir la completa atención del hombre con sólo comenzar una conversación acerca de la caza o la pesca y luego cambiar a otros temas.

Si a ti te parece que a tu esposo le falta la paciencia necesaria para enseñarte uno de sus pasatiempos favoritos, no dejes que eso te impida aprender. Simplemente busca otra fuente de instrucción. La enseñanza profesional se encuentra disponible sin dificultad casi para cada deporte o interés. Prueba las lecciones para ver si eres capaz de llevarlo a cabo, y luego sorprende a tu esposo una vez que hayas conseguido algo de destreza. Si le dices tus intenciones antes de empezar, tal vez él no crea que vayas a proseguir tu objetivo; e incluso quizás te disuada de intentarlo.

Casi todos los hombres están interesados en algún tipo de deporte: ya sea como expectador o participante. Intenta desarrollar un aprecio por cualquier deporte que a tu esposo le guste ver en la televisión. Quizás al principio te aburra como una ostra; pero a medida que vayas aprendiendo las reglas, las técnicas, etc., disfrutarás más del mismo. Presta tanta atención a lo que está pasando como tu esposo; de otra manera le distraerás. Si tu esposo se encuentra viendo un partido de fútbol y tú decides hacer un poco de tejido es muy posible que termines poniéndole los nervios de punta. Por lo que a él respecta, el interés sin atención no es interés en absoluto (en cuanto más averigües acerca de la vida personal y de las familias de los atletas profesionales, tanto más aumentará tu interés).

Como se dijo en el capítulo 7, todo hombre necesita sentirse admirado. Ya que la mayor parte del día la pasa en su trabajo, su identidad llega a estar vinculada con éste —de igual manera que la tuya se une a tu hogar y a tu familia, o a tu propia vocación. Si no te entusiasma la ocupación de tu esposo, a él le resultará casi imposible creer que le admiras por alguna cosa. Por consiguiente, es sumamente importante que sepas lo bastante acerca de las responsabilidades que él tiene como para expresar un genuino interés en ellas. Sin embargo, no puedes aprender de la noche a la mañana todo lo relacionado con el trabajo de tu esposo. Tómate tiempo para hacerlo.

Cierta mujer me dijo que sentía repulsa por el trabajo de camionero que tenía su esposo. Ella clasificaba a todos los conductores de camiones como poco morales, rudos, groseros y sucios. Aunque nunca le *decía* nada negativo, su comportamiento sin palabras hacía que él captara el mensaje; y poco a poco, pero firme, su esposo perdió interés de pasar tiempo con ella.

Aconsejé a aquella esposa que echara una mirada más de cerca a la industria del transporte por carretera y a los magníficos servicios que provee a nuestra sociedad. También le recordé que casi todo lo que ella poseía era entregado mediante camiones... prácticamente todas las demás industrias dependen de la del transporte por camión... una huelga de camioneros paraliza virtualmente a toda la sociedad. Le hablé de tantas veces como mi familia había sido asistida por camioneros que estuvieron dispuestos a parar y ayudar cuando nuestro automóvil se había averiado en la carretera.

Asimismo, le sugerí que comenzara a preguntar a su esposo acerca de los diferentes tipos de mercancía que reparte, las ciudades por las que pasa, la gente que conoce, y los problemas desalentadores a los que se enfrenta. Un mes más tarde la mujer tenía un nuevo aprecio tanto por el valor como por la dificultad del trabajo de su esposo.

## Utiliza el principio de la sal para conseguir la atención de tu esposo

En el capítulo 5 se habló del principio de la sal y de cómo opera. Si todavía te encuentras algo insegura acerca de este principio, quizás sería bueno que repasaras dicho capítulo antes de seguir leyendo.

El principio de la sal es indudablemente la manera más efectiva de conseguir la atención completa de tu esposo. Aunque el aprender a utilizar esta técnica precisa de algo de práctica, una vez que la domines, obtendrás invariablemente toda su atención —aun cuando él sepa lo que estás haciendo. Recuerda que debes utilizar esa técnica con una actitud amorosa, delicada y benévola. Si tu actitud o tu tono de voz reflejan orgullo o engreimiento, lo único que hará tu esposo será resentir tu intento por despertar su curiosidad; la considerará como un arma —especialmente si la utilizas para despertar curiosidad y luego te niegas a satisfacer ésta con algo como: "Bueno, ya te lo diré luego, cuando tengas una mejor actitud". No puedo pensar en una forma más apropiada que ésta para inmunizar a tu esposo contra la eficacia del principio de la sal.

Si se tiene la actitud debida, el principio de la sal es tan poderoso que da resultado aun cuando el que escucha a uno tenga prisa o se encuentre bajo presión. No tienes por qué esperar hasta que tu esposo esté libre de tensión y de fechas límites para estimular su curiosidad; sólo date de lleno a ello con preguntas "saladas", expresiones faciales agradables y un tono de voz amable.

## Enseña a tu esposo a que te escuche

A estas alturas, espero que he dejado una cosa clara: la *mayoría* de los hombres no entienden a las mujeres. Ya que conoces tus propias necesidades mejor que ninguna otra persona, puedes ser la maestra más eficaz de tu esposo. El necesita aprender de ti *por qué* es importante que te escuche, y *cómo* debe hacerlo.

En primer lugar, explícale por qué es importante para ti que él te dedique tiempo a escucharte con toda su atención. (La mujer a la que se llama "virtuosa" —o también "excelente"— en Proverbios 31:10, se decía que lo era porque tenía convicciones e influencia. Las convicciones producen influencia. Cuando estás convencida de algo —como por ejemplo de la importancia de tener una mejor relación, tal convicción se verá a través de tus expresiones faciales.) Haz saber a tu esposo, que cuando no te escucha con atención, hace que te sientas insignificante y poco apreciada; y explícale que esto, a su vez, disminuye tu deseo de satisfacer las necesidades que él tiene. No obstante, deja claro que también lo contrario es verdad: cuando él te escucha atentamente de un modo constante, te sientes importante y tienes un deseo mucho mayor de contentarle en una forma más creativa. Quizás necesites decirle esas cosas repetidas veces a tu esposo antes de que le calen; pero cada vez que se presente la oportunidad, tendrás una nueva ocasión para estimular su curiosidad.

Además de explicarle a tu esposo *por qué* necesitas toda su atención, debes mostrarle *cómo* debe él dártela. Habla con tu esposo de las formas de comunicación sin palabras. A medida que él aprenda a entender tus sentimientos mirando a tus ojos y a tus expresiones faciales, la comunicación y la relación entre ustedes se hará más profunda. Recuérdale cariñosamente que su manera parcial de escuchar no es nada beneficiosa; y que no quieres competir con su trabajo, con los deportes o con la televisión.

Ten cuidado de no permitir que tus oportunidades de comunicación se transformen en discusiones. Utiliza tu sensibilidad para aprender a esquivar asuntos, palabras o peculiaridades que encienden una disensión. Algunas mujeres reconocen que la única manera de conseguir la atención completa de sus esposos es empezando una disputa —por desgracia esa no es la clase de atención que edifica una relación saludable. Deja que la comunicación entre ustedes sea lo más alentadora y encantadora posible.

El aprender a conseguir toda la atención de tu esposo en una forma constante será una empresa de lo más valiosa; no obstante no es un fin en sí mismo —sino un medio para desarrollar varias facetas hermosas en tu relación (una de dichas facetas —el ayudar a tu esposo a hacerse consciente de las necesidades emocionales y románticas que tienes— se tratará en detalle en el capítulo 9).

## Para meditación personal

¿Por qué era la mujer de Proverbios 31 tan honrada por su esposo? Proverbios 31:10–31. Enumera diez cualidades interiores de dicha mujer.

## 9. Cómo aumentar la sensibilidad de tu esposo hacia tus necesidades emocionales y a los deseos que tienes

*"La mujer virtuosa es corona de su marido; mas la mala, como carcoma en sus huesos" (Proverbios 12:4).*

La mayoría de las mujeres tienen una definición lacónica y sencilla del romanticismo y la ternura sentimental: "las cosas pequeñas". ¿Has intentado alguna vez explicar a tu esposo cuáles son las "cosas pequeñas"? En cierta ocasión, una mujer me dijo: "Mi esposo cree que me está haciendo un gran favor al comprarme una tostadora nueva; pero, por alguna razón, eso no significa tanto para mí como el que temprano me diera los buenos días (tomándome de la mano o besándome en la mejilla) para decirme que piensa que soy realmente especial".

Una mujer puede llegar a identificarse tanto con los hijos, la casa y la rutina diaria, que a menudo pierde su propia identidad. Por consiguiente, tiene una profunda necesidad de que se la trate y se la ame en forma individual. Ninguna mujer quiere ser considerada meramente la esposa, la otra persona que trabaja, la cocinera, la señora de la limpieza, la madre, el servicio de planchado, la lavandera o el chofer de la familia; y no es suficiente con que los suyos manifiesten un aprecio profundo por el papel que desempeña. Ella necesita que su esposo la saque del papel tan exigente y la ame *por lo que es* en lugar de *por lo que hace*. Cuando el hombre obtiene una sensibilidad respecto a las necesidades y a los deseos de su esposa, puede comenzar a satisfacer tales cosas con acciones creativas que las mujeres denominan: "las cosas pequeñas". (Para el beneficio de tu esposo, trato de este asunto con mayor detalle en el libro

*El gozo del amor comprometido - Tomo 1.*)

Puedes proporcionar a tu esposo la motivación y el conocimiento necesarios para que satisfaga las necesidades que tienes, cultivando tres nuevas habilidades: 1) siembra semillas de amor; 2) explícale tus necesidades y deseos particulares; 3) expresa tu gratitud sin esperar nada a cambio.

## Siembra semillas de amor

Cosechamos aquello que hemos sembrado (Gálatas 6:7). Has oído esto muchas veces; pero resulta igual de cierto hoy que hace miles de años. Si eres grosera y contenciosa, la gente te responderá de la misma manera; y viceversa: si te portas considerada y plácidamente, a otros les resultará difícil reaccionar ante ti con algo menos que eso. Si detectas las necesidades de tu esposo y te esfuerzas de un modo especial por satisfacerlas, a la larga él notará dichos esfuerzos y te apreciará. De el aprecio por ti surgirá luego un deseo de enriquecer la relación matrimonial. Si empiezas a sembrar semillas de amor y de interés por tu esposo, pronto estarás cosechando el amor y el aprecio de éste.

### Descubre las necesidades características de tu esposo

Muchas mujeres dan por sentado que conocen todas las necesidades de sus esposos sin siquiera preguntarles a ellos; pero nunca he encontrado a un hombre que pudiera decir que su cónyuge supiera *todo* acerca de su ser *entero.*

Siempre resulta divertido conocer a la esposa que piensa que comprende plenamente a su esposo y que con confianza absoluta dice: "Sé exactamente por qué hace eso", o: "Le conozco de arriba a abajo". Sin embargo, sólo tengo que hacer unas pocas preguntas, y queda claro que la cónyuge "sabelotodo" conoce menos acerca de su esposo de lo que pensaba. En realidad durante años muchas parejas han vivido su relación a un nivel muy superficial, pensando que se conocen íntimamente el uno al otro. Por desgracia, los matrimonios de este tipo son más bien la norma en lugar de la excepción.

Ve más allá de lo superficial, y descubre la individualidad de tu cónyuge. Aunque tu esposo se asemeja a otros hombres, también es alguien totalmente original... el único de su especie —es diferente en temperamento, personalidad, niñez, adolescencia, relaciones familiares, herencia, talento, metas, aspiraciones, éxitos, fracasos, frustraciones y decepciones. Debes abandonar la idea de que él es sencillamente como todos los demás hombres: otro tipo común y corriente. El averiguar *quién es* y *lo que siente*, podría resultar una de las inversiones más estimulantes y provechosas de tu vida. Algún día, puedes preguntarle: "¿Qué es lo que realmente te hace sentir realizado como hombre?" Entonces escucha cuidadosamente mientras tu esposo comparte algunos de sus sentimientos más profundos. Confecciona una lista de aquellas cosas de las cuales él te haga partícipe, y demuestra tu interés en las mismas hablando acerca de ellas de vez en cuando. Trata de averiguar lo que hiere o decepciona a tu cónyuge. En otras palabras: empieza a conocerle de veras a tu hombre.

A continuación, considera algunas necesidades generales comunes a todos los varones; y mientras meditas en las mismas, recuerda que quizás tengas que ajustar cada una de ellas para que le queden bien a tu esposo.

## *Necesidades comunes a todos los hombres*

### Los hombres necesitan ser amados

Evidentemente, si tu esposo prefiriera vivir solo, no estarías ahora mismo casada con él. Todo hombre necesita saber que alguien, en algún lugar del mundo, se interesa por él. Asimismo, tiene necesidad de sentir una aceptación cariñosa y cordial de parte de otra persona. También necesita conocer que tiene un amigo comprometido e íntimo el cual le querrá sin importar lo que él haga. Al igual que tú, tu esposo precisa la seguridad del amor genuino —esa es la razón de que las mujeres mayores han de enseñar a las más jóvenes a amar a sus esposos. (Tito 2:4)

El amor genuino es mucho más que un sentimiento: es el tipo de amor que dura toda la vida; y significa compromiso de cuidar incondicionalmente del ser amado. Este dice: "Estoy comprometido contigo sin importar cómo me trates o lo que suceda". El amor auténtico no depende de las emociones o de las circunstancias; y aprovecha plenamente el presente para comunicar sentido y gozo a las vidas de otros. Si tu matrimonio ha de llegar a ser todo aquello que anhelas que sea, debes *comenzar hoy mismo*, ahora mismo, a desarrollar ese amor incondicional que forma el fundamento de una relación conyugal satisfactoria.

Al comenzar a desarrollar el amor genuino, es posible que te falten sentimientos románticos. Pero, no te desanimes; te garantizo que si perseveras expresando ese amor auténtico mediante acciones y palabras porque vale la pena, con el tiempo los sentimientos vendrán también —y el amor romántico que una vez compartiste con tu esposo volverá. La noción de que el amor genuino es algo que uno siente en todo momento es un error drástico. Los sentimientos son variables, y pueden ir y venir; pero el amor supone un compromiso inalterable. Tu esposo necesita sentir que le aceptas incondicionalmente como persona: que valoras sus opiniones sin importar con qué palabras las expreses; que te interesas por él a pesar de lo desalentadores que puedan ser sus hábitos. El precisa saber que escuchas atenta y cuidadosamente sus palabras y que consideras valiosas tanto éstas como sus acciones.

## Los hombres necesitan ser admirados

Los hombres harán casi cualquier cosa para que otros los admiren; y buscarán literalmente a alguien que los ame y respete. Tú puedes ser ese alguien para tu esposo, si le haces saber que te interesas por él y que deseas conocer lo que hay detrás de sus decisiones y hacia dónde se dirige.

Aprovecha la variedad de maneras que tienes para expresar una admiración auténtica. Cuando él esté desanimado, no reacciones con aversión. Mantén tu respeto por él mientras le consuelas sosegada y tiernamente. Si has herido sus sentimientos, admite que has hecho mal y pídele perdón. Cuando él comparta contigo una idea que te parece que no encaja, no explotes: tu esposo necesita la confianza y la seguridad de saber que tú no reaccionarás negativamente a sus ideas. Tenle la misma confianza que le permita a él descansar y relajarse contigo. (Si necesitas más ideas acerca de cómo admirar a tu esposo, refiérete al capítulo 7.)

## Los hombres necesitan ser comprendidos y aceptados

Hay un pensamiento sutil, el cual tú probablemente tengas desde que te casaste, y que no eres capaz de esconder —tu esposo puede sentirlo a un kilómetro de distancia. Me refiero al pensamiento de: "Algún día le cambiaré". Siento decírtelo; pero con esa actitud probablemente no podrás.

Muéstrale aceptación y comprensión como él es. No estoy diciendo que tengas que aceptar sus maneras ofensivas sin ninguna esperanza de que cambie. Unicamente acepta el hecho de que tu esposo necesita que se le enseñe —de formas creativas— cómo puede satisfacer tus necesidades. Recuerda: Tú te hallas *en el proceso* de enseñarle, y él en el de aprender. Si ambos se encuentran en el mismo tren, no esperes que él llegue al lugar de destino antes que tú.

## Los hombres necesitan saber que su consejo es valioso

Si puedes mantenerte en la "parte derecha" de las siguientes formas, creo que demostrarás a tu esposo que aprecias su consejo.

| *Tú rehuyes su consejo. . .* | *Recibes su consejo con gusto. . .* |
|---|---|
| leyendo el periódico o cosiendo mientras el está hablando. | dejando a un lado todos los demás intereses mientras él habla. |
| mirando de un lado para otro. | prestándole toda tu atención, con los ojos fijos en él. |
| bostezando. | señalando aspectos positivos o útiles de su consejo. |
| criticándole antes de que haya terminado de hablar. | dejándole tener la palabra hasta que haya expresado completamente su opinión. |
| queriendo tener la última palabra. | dándole las gracias por el tiempo que ha tomado para compartir su consejo. |

**Los hombres necesitan sentirse apreciados**

Probablemente, tu esposo piensa que la mayor contribución que hace para ti y la familia es el sostén económico que provee. Por lo tanto, resulta evidente que una de las mejores maneras de mostrarle aprecio, es dándole gracias con regularidad por su diligencia y fidelidad en el trabajo. Aunque estés aportando parte de los ingresos es algo crucial que le muestres lo agradecida que te sientes por su provisión.

Aparte del sostén económico, tu esposo manifiesta también su interés por ti de otras formas más pequeñas: quizás se ocupa del mantenimiento de tu auto o vacía la basura dos veces por semana. Trata de llevar una lista mental de cosas pequeñas que él hace, las cuales te ahorran tiempo y esfuerzo; y dale las gracias lo más a menudo posible. Cuando él sienta que está satisfaciendo las necesidades "grandes y pequeñas" de su familia, su respeto hacia sí mismo aumentará; y como resultado empezará a experimentar un amor más profundo por su agradecida esposa.

## *Explícale las necesidades y los deseos particulares que tienes*

Haz una lista de las necesidades y los deseos que te gustaría que tu esposo satisficiera. Divide dicha lista en cuatro categorías: necesidades emocionales, físicas, espirituales, y mentales. Puede que en algunas áreas tengas un desbordamiento de necesidades, mientras que en otras quizás hayas de luchar para pensar en una sola; pero ahonda en tus sentimientos hasta que creas que la lista está completa. Luego, condensa dicha lista convirtiéndola en el menor número de necesidades vitales posible, con objeto de que no parezca abrumadora.

Cuando expliques la lista a tu esposo, acuérdate de tratar las necesidades una por una; hasta que hayas discutido cada uno de los temas. Quizás tu esposo tenga problemas para aceptar la importancia de algunas de las diferencias entre los hombres y las mujeres en lo relacionado con la sensibilidad —pero asegúrate de mantener la actitud debida mientras estás explicando. Cuando apelas a la comprensión de tu esposo, evita la compasión de ti misma, los celos o el gimoteo. Esas maneras de presentar las cosas repelen a cualquiera; y especialmente a tu esposo.

Por último, cuando comiences a hablar de tus necesidades, asegúrate de utilizar el principio de la sal siempre que sea apropiado. Busca maneras y momentos originales para compartirlas. Por ejemplo: tal vez quieras escribir una carta a tu esposo para explicarle algunos de tus anhelos más profundos. Ten cuidado de no acusarle o implicar que ha habido fallos por su parte; unicamente explica cómo te sientes. Deja que él la lea solo si lo prefiere; y cerciórate de que lo hace en un momento tranquilo y sin tensiones del día.

## El peor planteamiento

Cierta mujer me dijo que estaba sumamente desalentada por la falta de interés de su esposo en ella. El hombre sentía un empuje y un interés tremendos por su trabajo, sus amigos, sus pasatiempos. . . pero casi nada en absoluto por su esposa y sus hijos. La mujer siguió hablando y hablando de cómo había intentado que él cambiara. Pero nada parecía dar resultado. Cuando hablé del asunto con el hombre, descubrí que ella le había confrontado continuamente con sus fallos como esposo; y él dijo que su esposa siempre escogía el momento indebido para hablar de los problemas que había entre ellos: "Justo cuando estaba tratando de relajarme" —expresó. Y para rematar el asunto ella daba la impresión de ser una combinación de fiscal, juez y jurado. Momentos antes de que él se fuera a la cama, cuando acababa de llegar a casa del trabajo. . . en cualquier momento en que el hombre se relajaba cerca de ella, su esposa comenzaba a condenarle y a discutir.

Empecé a comprender que la mujer tenía lo que yo llamo un "espíritu contencioso" —*que siempre lucha por salirse con la suya*. Constantemente acorralaba a su esposo, tratando de hacerle ver las cosas desde el punto de vista de ella. Incluso la Biblia describe el efecto que tiene una mujer contenciosa: seca a un hombre como el ardiente sol del desierto; le empuja hasta el rincón de la azotea; gotea sobre él como una lluvia persistente (Proverbios 21:19; 25:24; 27:15).

¡Qué analogías tan perfectas! Los hábitos de esta mujer en casa eran tan molestos como una gotera continua —semejantes a un grifo que escurre el agua; su contención como el sol sobre un caminante en el desierto —sin importar hacia donde se volviera su esposo, no podía escapar de la misma. El hombre no encontraba ningún oasis o alivio porque su esposa le recordaba continuamente sus fracasos. Por último, las acciones de ella le obligaron a irse al rincón de un terrado, por no tener otro sitio.

¿Quieres saber lo que le hizo bajar de aquella azotea rápidamente? Su esposa se liberó del espíritu contencioso; y por consiguiente inspiró un cambio tremendo en él. Hoy su esposa le describe como un esposo mucho más amoroso, que satisface sus necesidades en formas que ella nunca pensó fueran posibles.

El explicar tus sentimientos y necesidades no es lo mismo que expresar quejas. Una pareja que reñía constantemente, decidió pasar toda una semana sin manifestar ninguna crítica. En lugar de discutir, cada vez que cualquiera de ellos se irritaba, lo anotaban; en cualquier momento en que uno se sentía molesto por la falta del otro, lo apuntaba. Luego colocaban cada papeleta "de queja" en una de dos cajas que tenían —para él y para ella respectivamente. Al final de una semana planeaban abrir dichas cajas: el hombre leería las quejas de su esposa, y ésta las de su esposo.

Por fin llegó el sábado por la noche, y él decidió empezar; así que abrió la caja que le correspondía y comenzó a leer docenas de noticias —de una en una. Sus ojos reflejaban el dolor y la decepción consigo mismo a medida que leía las quejas de su esposa: "Desde hace seis meses has estado prometiendo que ibas a arreglar la rejilla de la puerta y todavía no lo has hecho"; "nunca pones los calcetines sucios con la ropa para lavar"; "me estoy cansando de tener que ir detrás de ti por todos sitios recogiendo cosas. El hombre se sentía sinceramente apesadumbrado por todas las formas en que había ofendido a su esposa.

Luego, llegó el turno de ella. La mujer abrió la caja y sacó la primera papeleta. Leyó ésta con un nudo en la garganta. La siguiente hizo que se le saltaran las lágrimas. Tomando otras tres notas más, las leyó deprisa y comenzó a llorar. Cada una de las papeletas de aquella caja, decía: "Te amo"; "te amo"; "te amo".

Quizás, como otras muchas mujeres, hayas caído en el engaño de que algún día tus quejas modelarían a tu esposo haciendo de él el cónyuge perfecto; no obstante, espero que el ejemplo de más arriba ilustre claramente que el amor incondicional y la ternura —no las críticas— son los que pueden transformar a un oponente cascarrabias en un esposo humilde y amoroso.

Sin embargo, es importante que expreses con palabras tus sentimientos. Cierta mujer conmovió el corazón de su esposo con una nota que le escribió; y de hecho, el hombre cambió su programa semanal para incluir más tiempo de estar con ella. La nota decía: "Muchos días me siento como una manzanita jugosa tentadora, de entre las que están en la parte superior de un barril. Cada día, tu vienes y coges una —pero nunca soy yo. Tu mano pasa cerca —e incluso algunas veces me levantas—; pero siempre escoges otra. En mi interior tengo un gusanito que va creciendo; y con el transcurso del tiempo me hago cada vez menos atractiva. ¡Anhelo el día que me elijas a mí!"

## Expresa tu gratitud sin esperar nada a cambio

Una vez recibí una tarjeta de mi esposa. En la misma, Norma me decía que me amaba, que cada año de nuestro matrimonio era más satisfactorio que el anterior, y que apreciaba algunas de mis actitudes y acciones recientes. No había indicios de que mi esposa esperara nada a cambio en dicha tarjeta. Norma no pedía nada en absoluto; pero indudablemente me dio el deseo de querer hacer más cosas por ella.

A través de los años, la actitud de Norma de no hacerme ningún ruego, me ha inspirado a buscar maneras originales de expresarle mi amor. Y todo ello comenzó con algunos muebles destartalados en los primeros años de nuestro matrimonio.

Mi esposa estaba cansada de los lastimosos muebles estilo "garaje antiguo" que poseíamos; y durante varios meses me rogó que los cambiara. "Gary —expresaba—, es sencillamente horrible. Me da tanta vergüenza cuando nuestros amigos vienen a visitarnos. . . Por favoooor, ¿no podemos conseguir algunos muebles nuevos?"

Yo me sentía como un esclavo de sus expectativas. *Haga lo que haga* —pensaba—, *ella nunca quedará satisfecha. No estoy dispuesto a comprarle ningunos muebles nuevos mientras tenga esa actitud.* (¡Qué disposición tan dominante era la mía entonces!)

No obstante, cierto día empecé a darme cuenta de algo, y pensé: *No ha dicho nada acerca de esos muebles durante más de un año; y ni siquiera ha lanzado indirectas en cuanto a los mismos.* Efectivamente: Norma había entregado por completo sus expectativas al Señor (Salmo 62:1, 2); y empezó a concentrar más atención en sus cualidades interiores. En aquel momento estuve dispuesto a hacer cualquier cosa por ella. Me sentía tan agradecido por su "nueva" actitud, que le pregunté cuánto dinero le gustaría *a ella* sacar de nuestra cuenta de ahorros para comprar nuevo mobiliario. Luego, fuimos andando hasta la tienda de muebles de la localidad, y compramos un sofá, lámparas, mesas, sillas. . .

Las quejas de Norma no consiguieron nada; pero su paciencia sin demandas lo logró todo. En nuestra casa, hemos notado que hay varios factores que hacen más fácil el que cualquiera de los miembros de la familia cambie: expresar el cambio que uno desea ver sin poner un límite de tiempo; mostrar agradecimiento por el paso más pequeño que se dé hacia dicho cambio; manifestar aceptación y amor tenga o no tenga lugar el tal cambio.

## Para meditación personal

*Utilizando 1 Pedro 3:1–6:*

1. Escribe en forma completa tus propias definiciones de la admiración.

2. Idea una aplicación práctica para mostrar gratitud durante la semana próxima. Véase también 1 Tesalonicenses 5:18.

## 10. Cómo ganar el consuelo y la comprensión de tu esposo en vez de sus sermones y críticas

*"Finalmente, sed todos de un mismo sentir, compasivos, amándoos frater-
nalmente, misericordiosos, amigables; no devolviendo mal por mal, ni maldición por maldición, sino por el contrario, bendiciendo, sabiendo que
fuisteis llamados para que heredaseis bendición"* (1 Pedro 3:8, 9).

Era pleno invierno, y a Isabel le parecía que llevaba encerrada en la
casa varias semanas. Ya que la habían invitado a un almuerzo de señoras,
se apresuró a aprovechar la ocasión para salir. La mujer entró en su
automóvil, giró la llave de contacto, y para su desaliento se encontró con
la batería descargada. Comprendiendo que sus planes estaban estropea-
dos, revolvió su bolso en busca de las llaves de la casa. De repente recordó
que las había dejado dentro de la vivienda. Indudablemente era un mal
día: no podía ir al almuerzo, no podía entrar en casa, sus vecinos no
estaban, y no había ningún teléfono cerca. La única opción que tenía era
una larga y difícil caminata hasta algún aparato telefónico en aquel frío
cortante. Mientras iba andando, un estudiante de escuela secundaria la
reconoció y le ofreció llevarla en auto. Entonces ella decidió ir a la oficina
de su esposo. Estaba desanimada y deprimida, y necesitaba su consuelo.

Allá encontró un esposo irritado y furioso. Al hombre le parecía
inconcebible que Isabel hubiera dejado las llaves dentro de la casa; y
para colmo —pensó—, tenía la osadía de avergonzarle viniendo a la
oficina durante las horas de trabajo. Por lo tanto, con objeto de que eso
no volviera a suceder, dejó que las palabras ásperas volaran. Desde luego,
lo único que sus palabras produjeron fue una mayor frustración y más
resentimiento en ella.

¿Por qué les resulta tanto más fácil a los hombres sermonear a sus esposas que consolarlas? Si pudieras adentrar a la mente de un hombre, verías que cuando éstos están confusos o heridos, buscan una *explicación lógica* de sus sentimientos. Después de haber hecho un análisis claro del problema, por lo general se sienten aliviados. Por lo tanto, es algo "lógico" que tu esposo responda a tus problemas de la misma manera. Esencialmente, él piensa que puede disuadirte.

Sin embargo, si la relación entre ti y tu esposo ha de verse fortalecida, es de vital importancia que él aprenda cuándo y cómo consolarte. No deberías sentirte culpable por necesitar apoyarte en alguien. Esa necesidad no es una señal de debilidad, como algunos quisieran hacerte creer; sino que simplemente forma parte de la naturaleza humana. Todos necesitamos apoyarnos en otros de vez en cuando.

Personalmente, creo que hay por lo menos tres pasos que puedes dar para aumentar la conciencia de tu esposo respecto a la necesidad que tienes de consuelo tierno.

## Entusiásmate con los intentos de tu esposo por consolarte

El primer paso para motivar a tu esposo a que te consuele, es responder en gran escala cada vez que él hace lo más mínimo por confortarte. A eso se le llama *reforzamiento positivo*; y le demuestra a él cuánto tu aprecias su comprensión. No estoy diciéndote que ensayes para ser una vitoreadora deportiva cada vez que tu esposo te consuela. Sencillamente recuerda hacer algo especial para él —quizás un día o incluso una semana después—: como por ejemplo una comida especial, una noche romántica en el dormitorio, o una inesperada nota de amor con su almuerzo o en su billetera. Si hubo algo que a ti te gustó de un modo particular en cuanto a la manera en que tu esposo te consoló, háceselo notar. Sin importar lo que hagas para demostrar tu aprecio, asegúrate de que él vea la conexión entre la gratitud que le expresas y su acto de consuelo. Dicho sea de paso, él necesita tanto aprender a consolarte, como tú a recibir su consuelo. Tu esposo precisa esto por su propio bienestar y gozo (Juan 15:11; Colosenses 3:12–15).

Es sumamente importante que nunca ridiculices o menosprecies a ninguno de los intentos de tu esposo por consolarte. Aún cuando dichos intentos sean inadecuados, en vez de atraer la atención hacia su fracaso, alábale por cualquier cosa positiva que haya en sus acciones (aun el intento en sí es un paso positivo). No trates nunca de ganar su consuelo criticándole por no dártelo.

Imagínate por un momento que acaban de llevarse a tu hijo al hospital, y que necesitas a alguien sobre quien apoyarte emocionalmente. La angustia es casi más de lo que puedes soportar; pero tu esposo lo único que hace es quedarse ahí parado. Tú piensas en tu interior: ¿*Por qué no me tomas en tus brazos y me tranquilizas?* Así que lo sueltas abruptamente: "No te quedes ahí parado; ven y tómame en tus brazos". Ahora has llamado la atención hacia su incapacidad; agravando la ansiedad y preocupación que él siente por su hijo. Desgraciadamente, su respuesta natural es resistirte todavía más.

La gente siempre responde mejor al reforzamiento positivo, que a las cosas negativas tales como la crítica o el ridículo. Para construir la relación entre ustedes, es de máxima importancia que elogies a tu esposo por sus intentos de serte de consuelo; pero ese no es sino el primer paso para motivarle con objeto de que ofrezca su apoyo emocional.

## *Enseña a tu esposo a cómo consolarte siendo tu misma su ejemplo*

El segundo paso se remonta a un principio del que hablamos en el capítulo anterior: cosechas lo que has sembrado. Una de las maneras más efectivas de enseñarle a tu esposo a consolarte, es descubriendo cómo le gusta a él que le traten cuando está desanimado. Enséñale con el ejemplo. Cuando te parezca que tu esposo se encuentra temeroso o inseguro, pídele que te explique cómo se siente; y dile que le comprendes. Si reacciona expresando algo como por ejemplo: "No me trates como a un niño pequeño"; entonces intenta otra manera de presentar las cosas. Quizás se sienta poco hombre o infantil en tus brazos consoladores. En ese caso, puedes confortarle con tus palabras y expresiones faciales. Cuando aprendas a consolarle de la forma que él necesita ser consolado, no te rechazará.

Para algunos hombres, el consuelo emocional consiste en ponerse de su parte en cierto conflicto. Por ejemplo: Cuando Ricardo estaba en la universidad, su prometida rompió el compromiso de boda y decidió casarse con uno de sus mejores amigos. El único consuelo del joven fue que su compañero de cuarto, Ted, respondió con profundo sentimiento: —Ricardo —le dijo—, no sé lo que pasa; pero entiendo que te sientes herido. Si quieres hablar de ello o si hay alguna cosa que pueda hacer, dímelo. Si no deseas conversar acerca del asunto y prefieres estar solo, esperaré en la otra habitación hasta que te sientas un poco mejor.

Ricardo, conmovido por el interés de su compañero, le reveló que su ex novia se iba a casar con un amigo; y continuó: —Sólo necesito un poco de tiempo para estar a solas. Cuando Ted entró en la otra habitación, Ricardo le oyó por casualidad que decía a su novia: —¿Qué te parece? Enid, tu mejor amiga, acaba de comprometerse con otro muchacho. Ese era exactamente la clase de consuelo que Ricardo necesitaba. Su compañero comprendía de veras cómo se sentía.

Trata de detectar las maneras más significativas de confortar a tu esposo en cada situación.

## Dile con cariño cómo deseas ser consolada

El tercer paso consiste en enseñarle de qué manera necesitas ser consolada como mujer. Es importante recordar que la inclinación natural de tu esposo puede ser a resolver "lógicamente" los problemas que tienes, para que no resurjan. Mucho de este tema se trata en el libro *El gozo del amor comprometido - Tomo 1* pero es muy posible que todavía tengas que ser su maestra principal —después de todo es a ti a quien él está aprendiendo a consolar.

Quizás recuerdes la historia, que conté anteriormente, acerca de aquella esposa que prácticamente recibía un sermón cada vez que necesitaba consuelo. Esta tuvo que recordar a su esposo cuatro o cinco veces: "No trates de decirme por qué sucedió; sólo tenme en tus brazos"; hasta que por último el hombre captó el mensaje. De no haber ella perseverado, su esposo nunca habría aprendido a confortarla. (Un punto alentador de esta historia, es que esa pareja había estado casada durante nueve años, antes de que la mujer intentara enseñar a su esposo la manera de consolarla; pero el hombre sólo tardó unas semanas en comprenderla.)

Cierta mujer que había abandonado a su esposo, expresó: "Sencillamente no puedo soportar el pensamiento de volver a aquella situación. Mi esposo me ofende de tantas maneras. . . y nunca me consuela cuando lo necesito. Simplemente no puedo volver." Entonces, le pregunté si estaría dispuesta a enseñar al hombre cómo debía consolarla. La mujer me lanzó una mirada curiosa e inquirió: —¿Qué quiere decir con enseñarle?

—¿Cómo desea usted que él la trate cuando se encuentra en una situación llena de tensiones o está desanimada?

—Me gustaría que pusiera sus dos brazos alrededor de mí y me tuviera cariñosamente en ellos. Luego quisiera que me dijera que comprendía o por lo menos que estaba intentando comprender.

—Pues bien, ¿por qué no le enseña a hacer eso?

—¡Usted bromea! Pensaría que yo estaba loca. Y además. . . ¿por qué debería tener que enseñarle? Eso habría de hacerlo él por su cuenta. Me sentiría como una estúpida si tuviera que enseñarle cosas como esa.

Entonces, cambié un poco mi planteamiento.

—¿No le ha dicho él nunca algo como: "Querida, no sé lo que deseas que haga cuando estás desanimada: ¿debería llorar, besarte, o. . . ?

Sus ojos se iluminaron y expresó: —Sí, es asombrosa la cantidad de veces que me ha dicho que no sabía qué hacer, cómo actuar, o qué decir. E incluso recuerdo que en cierta ocasión profirió: "Tan sólo dime lo que quieres que haga". Pero yo siempre pensé que estaba siendo sarcástico, y me sentía ofendida porque él no podía deducirlo por sí mismo. De todas formas, creía que si tenía que decírselo realmente no significaría nada. ¿Quiere darme a entender que algunos hombres necesitan en realidad que se les enseñen las cosas pequeñas: por ejemplo cómo tener tiernamente en sus brazos a una mujer?

Mi respuesta fue obviamente un "sí". Muchos hombres evitan las palabras dulces y el consuelo tierno porque nunca se les ha enseñado el modo de utilizarlos; y sencillamente tampoco comprenden los efectos positivos que éstos producirían en sus esposas y la sensación de bienestar que ellos mismos recibirían. Me he dado cuenta de que cuando un hombre ha aprendido por qué y cómo consolar, obtiene un aprecio real por el papel que estas cosas juegan en su relación conyugal.

Durante la mayor parte de nuestra vida de casados, mi esposa jamás podía esperar recibir consuelo de mi parte cuando cometía un error embarazoso. Por lo general, mi reacción era ridiculizarla o enfadarme. Pero, con el tiempo, ella empezó a compartir conmigo su necesidad de caridad, compasión y comprensión. Y cuando precisamente estaba empezando a entender aquello, mi conocimiento recién adquirido fue sometido a la prueba suprema. Cierto sábado llegué a casa y encontré mi furgoneta de acampar estacionada en ángulo en el camino particular —lo cual en sí no era raro. Por desgracia, una sección bastante amplia del tejado del garaje yacía junto al vehículo en el camino. Como a la mayoría de los hombres, el primer pensamiento que me vino a la mente fue el dinero. ¿Cuánto costaría arreglar todo eso? Tuve ganas de entrar en la casa y gritar a mi esposa por su negligencia.

Mientras esos pensamientos me pasaban por la mente a toda velocidad, vino a mi memoria las muchas veces que Norma me había dicho la manera en que necesitaba que la tratara en situaciones desconcertantes. Fui andando hasta ella, le puse el brazo alrededor, y sonriéndole dije con dificultad: "Apuesto a que te sientes mal de verdad. Entremos en casa y hablemos del asunto; no quiero que estés incómoda por mi culpa".

Cuando estuvimos dentro, la tuve en mis brazos por un momento sin decir nada. Mi esposa me explicó que había temido mi reacción tanto como al accidente. "No importa, querida" —le dije—, "lo arreglaremos; no te preocupes". Cuanto más la tenía en mis brazos y más *la* consolaba, tanto mejor *nos* sentíamos.

Cuando salimos para inspeccionar el daño, me di cuenta de que realmente no era tan grave como parecía. El tejado no estaba astillado; sino que la parte caída se había partido como una pieza de rompecabezas. Todo lo que se necesitaba era algunos clavos y un poco de pintura. Pocos minutos después, un amigo que había oído del accidente se presentó a mi casa con un camión y herramientas —en una hora lo tuvimos completamente arreglado.

Cuando habíamos terminado, pensé para mí: *Hace un par de horas habría podido quebrantar el espíritu de mi esposa, poner tensa nuestra relación, y hacer que ella se sintiera como una idiota. . . y todo por una hora de trabajo.*

Aunque creí que Norma sería la única que saldría ganando por mi actitud comprensiva, a la larga en realidad fui yo el más beneficiado. El aumento de su admiración y respeto por mí, me proporcionó un incentivo aún mayor para consolarla. Si le haces saber a tu esposo que le admiras profundamente por su consuelo, él, a su vez, tendrá un mayor deseo de confortarte.

## Para meditación personal

Piensa por lo menos en tres situaciones futuras llenas de tensión las cuales harían que desearas consuelo. Habla de ellas con tu esposo y explícale exactamente lo que necesitarías si ocurriera cualquiera de esas tres situaciones.

## 11. Cómo motivar a tu esposo para que reciba tu corrección sin ponerse a la defensiva

*"El corazón de su marido está en ella confiado, y no carecerá de ganancias"* (Proverbios 31:11).

"Le prestas más atención a ese estúpido perro que a mí" —gritó Cecilia a su esposo—. "¿Cómo puede un hombre adulto querer más a un perro que a su esposa?" El resentimiento le había estado corroyendo durante años, desde que Guillermo adoptó la costumbre de jugar con Peppy antes de ni siquiera molestarse en decirle hola a ella. Por último, la ira y los sentimientos heridos reventaron el dominio propio de la mujer. Guillermo, entonces, reaccionó con más cólera —había comenzado otra discusión.

En este capítulo, aprenderás cómo hubiera podido Cecilia manejar su queja para conseguir el resultado que deseaba. Lee y estudia las siete ideas siguientes con objeto de saber de qué manera puedes motivar a tu esposo para que *acepte la corrección* sin tener una desagradable discusión o sin que él responda poniéndose a la defensiva. Luego, pruébalas —creemos que te llevarás una grata sorpresa.

### Utiliza la *"presentación del sandwich"*

Pon siempre tu tajada de corrección entre dos rebanadas de alabanza. Por ejemplo: Si tu esposo se queja de que gastas demasiado en ropa para los niños, utiliza la presentación del "sandwich" como sigue: Primero el pan... "Querido, aprecio de veras lo duro que trabajas para proporcionarnos tantas cosas buenas. Verdaderamente nos quieres". A continuación, la carne (su corrección)... "Algunas veces me parece que piensas que yo gasto el dinero ligeramente por comprar más ropa de la que los niños necesitan. Sólo quiero que sepas que realmente trato de tener cuidado con lo que gasto; y que compro únicamente aquello que creo que ellos precisan". Y ahora, la otra rebanada de pan... "Pero sobre todo, deseo que estés al corriente de lo agradecidos que nos sentimos por tu constante trabajo que hace todo esto posible. Los niños y yo estábamos hablando del padre y del esposo tan fantástico que eres...".

Por lo general, el apóstol Pablo comenzaba sus cartas con alabanza, antes de hacer un "sandwich" con sus reprensiones. Mira cómo empezó el libro de Filipenses: "Doy gracias a mi Dios siempre que me acuerdo de vosotros" (1:3). Aun la gente defensiva es más receptiva a la corrección cuando ésta va *suavizada con palabras amables.*

Cierto policía solía temer el parar a los conductores que excedían el límite de velocidad —aunque ello formaba parte de su trabajo—, por la hostilidad con que se encontraba. El hombre se sentía desgraciado en su labor, hasta que un agente de más tiempo trabajando compartió con él su secreto: "Siempre que hago parar a alguien" —le dijo—, "llevo a cabo algo muy importante. Es la única cosa que me evita recibir reacciones negativas".

*En primer lugar,* se acercaba al infractor de tráfico con una sonrisa. *Segundo:* le saludaba con unos cordiales "buenos días" o "buenas tardes". *Tercero:* con un interés genuino, le preguntaba: "¿Qué tal día lleva?". Generalmente el automovilista contestaba que había estado teniendo una jornada desastrosa. Pero para cuando le contaba sus problemas al interesado policía de tránsito ya se sentía relajado y sociable. Sólo entonces le pedía el agente su permiso de conducir; y después de imponerle la multa, expresaba: "Que mejore su día."

El policía más joven probó aquello, y se dio cuenta de que rara vez fallaba. También puede funcionar para ti y tu esposo. Aborda a tu esposo con una sonrisa y palabras amistosas; luego averigua qué es lo que le preocupa. Una vez que hayas descubierto la causa oculta, serás mucho más comprensiva en cuanto a su comportamiento irritable y estarás mejor equipada para ofrecerle una crítica constructiva. Recuerda que una palabra blanda quita la ira (Proverbios 15:1). Cuanto más amables y cuidadosos somos, tanto más pueden los otros recibir nuestros reproches.

Una advertencia acerca de la presentación del "sandwich": Deberías alabar de cuando en cuando a tu esposo sin introducir ningún comentario correctivo. De otro modo quizás llegue a desconfiar de los "sandwiches".

## Prueba la "presentación del rompecabezas"

Uno no puede armar un *rompecabezas* si no tiene todas las piezas del mismo; ni resolver un problema si le faltan datos. Cuando no le das todas las piezas a tu esposo, lo que a él le parece que estás haciendo es "rompiéndole la cabeza".

Cuantos más datos tengo acerca de un desacuerdo entre Norma y yo, tanto más fácil resulta encontrar una solución para nuestro problema. El primer dato que obtengo referente a sus sentimientos o a sus convicciones, representa sólo una pieza del cuadro completo; y cuando lo pongo sobre la mesa, no me da mucha idea de dicho cuadro acabado —así que voy añadiendo más piezas mediante preguntas, y el cuadro comienza a tomar forma. De vez en cuando intento encajar a la fuerza piezas que no corresponden; pero entonces ella me lo hace saber. En ciertas ocasiones trato de predecir cómo será el cuadro completo; sin embargo, únicamente cuando todas las piezas están encajadas unas con otras lo sé de cierto. A menudo, el cuadro acabado (solución) es tan sencillo que nos preguntamos cómo es que no lo vimos enseguida.

Tu esposo no puede "armar" una solución cuando le lanzas un pedacito de información y te quedas ahí; ni tampoco te resulta posible examinar todos los datos si le das quinientos de una vez. Propónte darle las piezas una a una, hasta que tengas todos los detalles. (Simplemente dale los datos y déjale sacar sus propias conclusiones.) Cuando dejes de concentrarte de una manera crítica en las consecuencias de las acciones de tu esposo, te quedarás asombrada de ver con cuánta mayor facilidad acepta él la corrección. Quizás tu esposo necesite una semana, un mes, seis meses o más. El tiempo que tarde dependerá del problema específico, de la actitud que tengas al darle las piezas, y de lo fuerte que sea la relación entre ustedes.

Dicho sea de paso: la presentación del rompecabezas es también útil cuando se trata de hacer decisiones personales o de ayudar a tus hijos para que aprendan a hacer decisiones acertadas. Cualquier problema confuso queda enfocado si uno dedica tiempo a reunir todos los factores.

## Sustituye las expresiones en el acusante "tú", por otras con "siento"

Las expresiones en segunda persona del singular, en lugar de manifestar tus sentimientos, implican juicio y crítica —echan la culpa a tu esposo—; trata de sustituirlas por otras con "siento".

Vuelve atrás en tu mente, al principio del capítulo, cuando Cecilia acusó a Guillermo diciéndole: "Le prestas más atención a ese estúpido perro...". Esa declaración en el acusante "tú", puso a su esposo tan enojado y a la defensiva que ni siquiera pudieron discutir el problema. Si ella hubiera utilizado una expresión con "siento", los resultados habrían sido muy diferentes. Por ejemplo:

—Querido, ya sé que no lo haces a propósito, pero siento como si Peppy significara más que yo para ti. Me doy cuenta de lo ridículo que esto puede parecer; sin embargo, sólo quería que conocieras mis sentimientos.

—¿Por qué sientes eso?

—Bueno, pues porque cuando llegas a casa del trabajo, me da la impresión de que pasas más tiempo con Peppy que conmigo. Esto puede parecer algo insignificante, pero si nuestra relación ha de crecer y llegar a ser todo aquello que queremos que sea, es importante que te comparta mis sentimientos.

De haber continuado la conversación, ella hubiera podido compartir cariñosamente una posible solución; pero sólo si el hombre le pedía que lo hiciera. "¿Por qué no puede mi esposo encontrar sus propias soluciones?" —es posible que te preguntes. Desafortunadamente, algunos esposos probablemente no se darían cuenta del problema aunque tropezaran con él. En la mayoría de los casos, tu esposo necesitará un codazo cariñoso para advertir y corregir un problema.

## Domina el "principio de la sal"

Imagínate que tu esposo se halla totalmente absorto en un partido de rugby televisado entre dos de los mejores equipos del país; y que luego haces una declaración que es suficiente para arrancar su atención del juego y moverle a que la ponga plenamente en ti. ¿Que eso es imposible? Sigue leyendo.

El "principio de la sal" estimula el interés de tu esposo por asuntos que de otra forma él consideraría aburridos. El secreto reside en la forma de presentarlos. Si dominas el principio de la sal, tu esposo prácticamente rogará que le digas lo que tienes en mente —ya se trate de alabanza o de corrección. Sin embargo, debes retener tu corrección hasta que hayas creado en tu esposo una curiosidad tan grande que éste no pueda esperar más para escucharla. El cuadro de más abajo ilustra la manera hábil de utilizar el principio de la sal en la corrección.

| Areas en las cuales quisieras que él cambiara | Cómo decírselo haciéndole preguntas |
|---|---|
| Es demasiado crítico. | "Querido, ¿qué es lo que más te fastidia de los jefes que has tenido?" Si el menciona la crítica, el mal humor, etc., pregúntale cómo le hacían sentir estas cosas. Probablemente responderá: "Me quitaban el interés por el trabajo". Ahora tienes la puerta abierta para explicarle tus propios sentimientos. "Querido, así es en cierto modo como me siento yo cuando te muestras crítico conmigo: ello me quita el interés en la relación sexual y hace difícil para mí el responderte físicamente". |
| Es demasiado áspero. | "Querido, ¿piensas que es posible que nuestra relación mejore cada año?" "Claro que sí". "Pues bien, ¿sabes?, si pudiéramos corregir una cosa *importante* este año, estoy segura de que nuestro matrimonio resultaría mucho más satisfactorio. ¿Te interesaría saber lo que es?" Si dice que sí, puedes responderle: "Cariño, cuando me tratas con aspereza por algo que he hecho mal, siento el deseo de retirarme de ti; especialmente cuando ya estoy consciente de mis errores. Me encantaría que primero me consolaras. Sólo tenme en tus brazos y pregúntame cómo me siento". Si tu esposo expresa que no está interesado en oír acerca de "esa cosa importante", espera hasta más tarde y añade una mayor cantidad de sal con objeto de crear más curiosidad e interés. |
| No te hace caso. | "Querido, ¿podríamos hablar acerca de cómo puedo superar algunos sentimientos con los cuales tengo dificultad cuando nos encontramos en ciertas actividades?" Si te dice que sí, puedes expresar: "Algunas veces me siento completamente sola, ahí de pie, mientras tú te |

marchas con otras personas. Ya sé que necesitas esos ratos con tus amigos; pero yo tengo la impresión de ser excluida. ¿Qué piensas que deberíamos hacer?" También podrías sugerirle una alternativa original: Quizás en algunas reuniones sociales puedes planear estar con tu esposo; mientras que en otras te vas con tus amigas. O tal vez decidir tener un equilibrio en cuanto al tiempo que están juntos en cada recepción. Otra solución podría ser ponerse de acuerdo en una señal para utilizar en actividades la cual muestras a tu esposo que te gustaría estar con él. Dicha señal podría consistir en un movimiento hacia el grupo con el cual él está hablando o el lanzarle una mirada casual desde el otro extremo de la habitación. Siempre que tu esposo esté de acuerdo con esta solución, no tendrás que temer el que digan que le sigues a todas partes. Y habiendo hablado el asunto antes de la actividad, te sentirás más a gusto, más segura y más involucrada mientras te encuentras en la misma.

## Establece un ejemplo, recibiendo de manera entusiasta la corrección de tu esposo

El tener una actitud comprensiva y una buena disposición para recibir la corrección de tu esposo, no sólo es una decisión sabia, sino que aumentará el amor que le tienes a él. Eso es lo que dice Proverbios 9:8. Cuando tu esposo te censura, no te afirmes en tu posición presentando a su vez una contraacusación. Muéstrale con el ejemplo cómo recibir las críticas sin ponerte a la defensiva. Admite que hay algo de verdad en su censura, por poco que sea. Cuando te encuentres a solas, vuelve a examinar la crítica e intenta aceptar sus puntos válidos. Luego, ocúpate de hacer los cambios necesarios. ¡Habla de un ablandador de corazones! Nada le llega antes al esposo "perfecto" que una esposa dócil.

Si de veras deseas que tu esposo reciba la corrección de buena gana, entonces, *busca* activamente su crítica constructiva. Si notas que él está turbado por algo, pídele que te explique todo lo referente al asunto. Extráele aquellas cosas que has hecho las cuales quizás le hayan irritado.

Cuando le veas levantando barreras entre ustedes dos, no esperes a que te dé una explicación. *Busca* su corrección voluntariamente. Sólo los sabios buscan la reprensión, y heredan honra (Proverbios 3:35). Cosechamos aquello que hemos sembrado.

## Mantén abierta la comunicación con tu esposo

Baja las barreras que hayas podido levantar con tus ofensas, buscando con la mayor seriedad el perdón de tu esposo. No le proveas de ninguna excusa para evitar la comunicación dejando las líneas cruzadas. Es decisivo que arregles todas y cada una de las ofensas que causes, si quieres que tu esposo reciba tu corrección en el futuro. Utiliza la sensibilidad que posees para detectar problemas subyacentes cuando tu esposo parece excluirte; asegurándote así de que no haya barreras ocultas para tu corrección.

## Explícale por que necesitas corregirle

A menudo, me quedo asombrado de la previsión, el discernimiento, la percepción, la sensibilidad. . . de mi esposa. Ella prevé las consecuencias de mis decisiones mucho antes de que yo las lleve a cabo. Como la mayoría de las demás mujeres, percibe los efectos sutiles que mis resoluciones tienen sobre nuestro hogar y nuestros hijos; y yo considero que es su *responsabilidad* el hacerme partícipe de sus observaciones. Estas son de un valor incalculable. Al compartir con tu esposo la intuición femenina única que tienes, le proporcionas a éste un mecanismo de dirección especial el cual puede mantener a toda tu familia en el rumbo debido. Quizás no tengas todas las respuestas, ni tengas razón todas las veces; pero tu discernimiento es un recurso inestimable para tu esposo. Explícale con tacto que te gustaría ayudarle a hacer las mejores decisiones posibles. Comparte con él, que en algunas ocasiones te das cuenta de diferentes ángulos de un problema que a él pudieran interesarle. Si le explicas tus percepciones de esta manera, tu esposo no se sentirá amenazado por una actitud de sabelotodo.

## Para meditación personal

Lee varios capítulos de Proverbios, y nota las muchas veces que la Escritura nos anima a buscar la corrección de otros y nos da la razón por la que deberíamos anhelarla. Empieza, por ejemplo, con los capítulos 1, 12 y 13.

## 12. Cómo conseguir el aprecio y la alabanza de tu esposo

*"Se levantan sus hijos y la llaman bienaventurada; y su marido también la alaba" (Proverbios 31:28).*

"Hola, querido. Sólo una notita para decirte que te quiero y te echo de menos. ¡Regresa pronto!"

Roberto se sonrió mientras doblaba la nota y la volvía a meter en su billetera. Durante los diez años que lleva casado ha tenido que viajar mucho. Por lo general, llega a su hotel desanimado y sintiéndose solo. Pero, a lo largo de los años, su esposa ha hecho esos tiempos de separación mucho más agradables escondiendo tarjetas, cartas e incluso galletas en su maleta.

"Siempre que encuentro una sorpresa experimento un sentimiento cariñoso" —dice—; "porque me hace recordar su amor por mí. De veras eso me hace sentir mejor; aunque todavía la añoro a ella".

Durante su último viaje de negocios, Roberto guardó una de las notas de su esposa en su cartera de bolsillo. Cada vez que se encontraba desanimado, la sacaba y la volvía a leer. Aquella nota era un recordatorio constante del amor y el aprecio que ella le tenía.

La esposa de Roberto ganó la alabanza y la estima de éste mostrando generosamente su aprecio por él. Me he dado cuenta de que todo el mundo tiene un anhelo profundo de alabanza y aprecio. En todos los años que llevo aconsejando a matrimonios, nunca he oído a una mujer quejarse por recibir demasiada alabanza de su esposo.

Sin embargo, sí que he oído lo contrario: "Mi esposo es siempre tan crítico. . . Ojalá que apreciara las cosas que hago".

Aunque muchas esposas quizás piensen que no hay esperanza, sé que

125

un esposo puede aprender a alabar a su esposa. He descubierto dos maneras en las cuales una mujer puede aumentar el aprecio que le tiene su esposo; al mismo tiempo que estimula la expresión exterior de dicho aprecio.

## Mostrando aprobación por tu esposo

Como ya has leído anteriormente, los hombres anhelan el aprecio de otros; y reciben con mucho gusto la aceptación de sus secretarias, patrones, empleados, amigos, o cualquier otra persona dispuesta a dársela. La necesidad de aprobación que tiene un hombre es tan fuerte como la tuya en cuanto a seguridad en las cuestiones económicas y en las relaciones familiares. Cuando un hombre sabe que su esposa le aprueba, disfruta del compañerismo de ésta; y se encuentra cumplimentándola espontáneamente en respuesta a la aprobación que ella le otorga.

En lugar de exigir el aprecio de tu esposo o de derramar lágrimas cuando él no te lo da, prueba los métodos que se sugieren más abajo.

### El método directo

Una manera de mostrar aprobación es el método "directo": expresando estima por tu esposo, verbalmente o mediante cartas, notas de amor, y tarjetas. Estoy mirando dos tarjetas que mi esposa me envió. Antes, las hubiera abierto y pensado: "Qué simpática" —tirándolas luego al cubo de basura más cercano. Sin embargo, cuantas más tarjetas y cartas recibo de Norma, tanto más deseoso estoy de corresponder a su "alabanza escrita". Ahora, cuando llega una de sus notas, por lo general la guardo para leerla varias veces; y si me envía tarjetas que mencionan ciertas cualidades específicas que aprecia en mí, me siento inspirado para pensar en sus virtudes y corresponderle a mi vez con otra tarjeta.

Aunque es verdad que todos los hombres necesitan aprecio, no a todos les gusta el aprecio del mismo *tipo*. Ten cuidado de evitar formas que tu esposo considere efusivas o exageradamente sentimentales. Puedes distinguir entre lo que estimulará a tu esposo y aquello que le hará sentirse molesto, si pruebas diferentes maneras hasta que unas pocas tengan realmente efecto.

Mi corazón se conmueve al pensar en una muchacha universitaria quien contrató a un grupo estudiantil para que le cantara a su novio una canción de amor el Día de los Enamorados. Ella esperaba que el chico reaccionara de una manera dramática a su sorpresa; pero éste nunca le dijo nada acerca de aquélla.

—Luis, ¿te gustó la canción del Día de los Enamorados? —le preguntó finalmente.

—Ah, sí. . . —contestó él—, la escuché; pero no comprendí realmente por qué hiciste eso. Me resultó un poco desconcertante.

Su respuesta la dejó herida y confusa; y la chica se preguntó sinceramente si su novio le tenía cariño en absoluto. Este inequívoco ejemplo ilustra algo que espero que cada mujer recordará mucho después de haber leído este libro: los hombres son diferentes a las mujeres.

El ejercicio de más abajo te ayudará a aprender cómo mostrar aprobación por tu esposo. En la columna de la izquierda indica diez áreas admirables de la vida de éste: y en la derecha, anota de qué forma te propones alabarle en cada una de esas áreas. Quizás quieras expresarle tu alabanza personalmente o mediante una nota especial escondida en algún sitio donde es seguro que él la encuentre. De cualquier manera que escojas hacerlo, sea éste tu modo de decirle: "Cariño, apruebo de veras lo que has hecho y quién eres". Y recuerda que podemos apreciar a alguien incluso si nos irrita.

| Cosas que apruebas acerca de tu esposo | Formas directas y originales de mostrar tu aprobación |
|---|---|
| 1. _____ | _____ |
| 2. _____ | _____ |
| 3. _____ | _____ |
| 4. _____ | _____ |
| 5. _____ | _____ |
| 6. _____ | _____ |
| 7. _____ | _____ |
| 8. _____ | _____ |
| 9. _____ | _____ |
| 10. _____ | _____ |

### El método indirecto

Otra manera de manifestar aprobación por tu esposo, es el método "indirecto". Gran número de esposos y esposas utilizaban ya este sistema mucho antes de que los libros sobre el matrimonio inundaran el mercado.

La madre de Norma conocía dicho método al dedillo hace muchos años. Mediante un buen acicalamiento y una bienvenida estimulante a las cinco de la tarde, la mujer mostraba "indirectamente" su aprecio a su esposo. Todos los días se preparaba para la llegada de éste a casa, bañandose y poniéndose ropa limpia. Norma dice que no puede recordar ninguna vez que su madre recibiera a su padre con problemas o quejas. En lugar de ello, le dejaba relajarse y le hacía sentir importante por medio del tiempo y del esfuerzo adicional que dedicaba a hacer feliz una parte de su día.

La madre de mi esposa era una buena maestra. Yo nunca me he encontrado al llegar a mi hogar con la mujer que se pinta en las tiras cómicas: vestida con una bata de casa dada de sí y rota, y con rulos en la cabeza tan permanentes como las guarniciones del alumbrado. Norma siempre tiene buen aspecto y huele bien.

Podría enumerar miles de maneras indirectas de mostrar aprobación por tu esposo. Norma sabe un montón de ellas. Para sólo nombrar unas pocas, diré que: recibe con gusto mis sugerencias en cuanto a su vestuario; me presenta a sus nuevas amistades con un tono de voz que refleja admiración por mí; y dice constantemente a nuestros hijos cuánto me aprecia.

Recuerdo cierta ocasión en que muerto de cansancio llegué a casa del trabajo; me sentía demasiado cansado para protestar cuando mi hija trepó hasta mis rodillas con dedos pegajosos. "Papi" —expresó la niña—, "mamá dice que tú trabajas mucho para cuidarnos bien". Una agradable sensación recorrió mi cuerpo, y de repente ya no me sentí tan cansado. (Es muy probable que tus hijos le hagan saber a tu esposo lo que se dice "a sus espaldas". Por el bien de él espero que sean cosas buenas.)

Alaba a tu esposo al hablar con los amigos varones de éste y sus esposas. Piensa tan sólo en los buenos cuentos que extenderá cuando diga cosas positivas acerca de su cónyuge. ¡Un cambio bastante grande respecto de las quejas habituales! Al llegar aquí, haz una larga lista de maneras indirectas en que puedes mostrar aprobación por tu esposo. Escoge dos o tres de las mejores y asegúrate de aplicarlas durante las semanas sucesivas.

## Tres maneras de alejar a tu esposo

La esposa aleja con frecuencia a su esposo *expresando inadvertidamente desaprobación por él.* He aquí cómo la desaprobación de una mujer los separó a ella y a su esposo.

Doris siempre recibía a Angel en la puerta con consejo insistente acerca de tal problema o cual decisión; y el hombre comenzó a temer su llegada a casa, ya que se imaginaba a su esposa como a un león al acecho y listo para saltar sobre él.

Cierta tarde, aun antes de que Angel pudiera dejar en el suelo su maletín, Doris le cayó encima. "Escuché lo que les dijiste a los Jackson en la fiesta de la compañía" —expresó la mujer—; "y he estado pensando en ello todo el día". A Angel se le hizo un nudo apretado en el estómago mientras se cerraba a las palabras de su esposa; pero la estridente voz de Doris traspasó su defensa. "¡Angel, Angel. . ." —siguió diciendo ésta— "nunca me haces caso! Quiero que les llames ahora mismo y les invites a cenar la semana que viene. Tenemos que ser sus amigos si deseas llegar a algo en la empresa".

*Me resulta imposible creer que me considere tan tonto* —pensó Angel—. *¿Por qué sigue importunándome?*

Los hombres interpretan la actitud mandona de sus esposas como falta de aprobación: *A juzgar por tantos consejos como me da, no debe pensar que soy muy capaz.*

A modo de defensa de muchas mujeres, reconozco que la naturaleza pasiva del esposo típico obliga a la esposa a "tomar el mando". Oigo cuán desalentador resulta esto para ti. Lo que me anima es que una respuesta natural no siempre consigue los resultados que se desean obtener. Otra paráfrasis de Efesios 5:22, es: "Deja que tu esposo se haga cargo de las necesidades que tienes, de igual manera que permites que el Señor te ame".

Las mujeres muestran también desaprobación por sus esposos *no dando crédito a los sentimientos o a los deseos de éstos.* Como una crítica de arte muy calificada, cierta esposa decide deshacerse silenciosamente de la pobre copia de Rembrandt que ha hecho su cónyuge; otra, cual experta costurera, desaprueba ese "traje a la medida" que el hombre ha conseguido en las rebajas. O, en un plano más realista: la jardinera veterana pasa por alto el deseo de su esposo de plantar un pino delante de la casa y en cambio opta por un arce.

Si escucharas con más atención, podrías oír a tu esposo expresar los deseos que tiene cada hora. Ahora mismo, quizás se encuentre mascullando detrás de su periódico acerca del pollo con espaguetis coronado de cerezas y crema agria como solía hacerlo su madre. Aprovecha inmediatamente su sutil declaración, y prepáraselo —si no lo haces, él se preguntará si te importa algo en absoluto. Puede que el resentimiento brote junto con la duda, y pronto tu esposo se halle realizando esfuerzos inconscientes para eliminar cosas que te agraden. La triste respuesta de muchos esposos llega a ser: "Sé lo que deseas; pero no quiero hacerlo".

Al principio, quizás tengas que funcionar a base de pura fuerza de voluntad para responder a los deseos de tu esposo; pero recuerda: a las acciones amorosas siguen por lo general los sentimientos agradables. ¿Y quién sabe si incluso no llegará a gustarte la mezcolanza de su madre?

Como prueba de tus buenas intenciones, apunta por lo menos diez cosas que sabes que son importantes para tu esposo; y programa una o dos por semana para él. La mejor manera de obtener una lista completamente correcta, es preguntándole a él mismo: "Querido, quisiera sentarme y averiguar qué cosas en la vida son realmente importantes para ti". Es probable que su respuesta te provea una lista que sobrevivirá a sus años como jubilado.

La tercera forma, y la más corriente, en que las esposas muestran desaprobación por sus esposos es *contradiciéndoles*. ¿No has simpatizado nunca con un esposo que apenas podía decir una palabra sin que su esposa saltara enseguida para corregirle: "No, no fue así; sino..."?

La contradicción difícilmente resulta una invitación para la mayoría de los esposos. A nadie le gusta vivir con una sabelotodo.

Cuando Humberto y María vinieron a mi oficina en busca de consejo matrimonial, la mujer era con mucho la más motivada de los dos; y no sólo contestaba las preguntas dirigidas a ella, sino también a aquellas que yo le hacía a su esposo.

—Ahora, Humberto, dígame cómo ve usted la situación —preguntaba yo.

Antes de que él pudiera emitir ningún sonido, María interrumpía y expresaba: —Seguro que dirá algo acerca de mí; pero no será verdad. Es un exagerado.

Pocas veces me pongo irritado en sesiones de consejo; pero en aquella ocasión comenzaba a hervir interiormente.

—Humberto, ¿dónde cree usted que reside el problema? —preguntaba de nuevo. Y María contestaba: —Pienso que el problema consiste en que él nunca pasa ningún tiempo conmigo.

Vez tras vez, María respondía a las preguntas dirigidas a Humberto; e incluso cuando éste hablaba por sí mismo, su esposa profería una contraacusación que le avergonzaba. Algunas interrogaciones desconcertantes me vinieron a la mente: ¿Sería la mujer sorda? ¿No habría yo entendido mal cuando se presentaron, y el nombre de ella era Humberto y el de su esposo María?

Este tipo de problema indica por lo general que el esposo es muy pasivo y poco comunicativo; y que ella ha tenido que responder por él si quería que hubiera alguna clase de comunicación entre los dos. No obstante, después de algún tiempo, el hombre interpreta este método como un desaire.

Te sugiero, que con este tipo de persona, 1) le dirijas preguntas de una manera amorosa y que le hagas sentirse aceptado para conseguir que hable; 2) espera a que se exprese él mismo; 3) alábale por cada idea original que manifieste.

Indica las formas en que últimamente has contradicho a tu esposo, y haz una promesa silenciosa de abandonarlas en el futuro. Cada vez que te veas tentada a contradecirle delante de alguien, ponte en su lugar e imagina el apuro que él sentiría.

## Enseña cariñosamente a tu esposo la necesidad que tienes de recibir su aprobación

A Julia le gustaba enseñar porque el director de su escuela la elogiaba con regularidad por sus aptitudes y métodos. Rara vez pasaba un día sin que recibiera alguna palabra cariñosa y alentadora de parte de aquél; y parecía que cuanto más alababa el hombre su trabajo, tanto mejor profesora se hacía.

Imagina el efecto que la alabanza constante tendría en tu actitud como esposa: te esforzarías cada vez más por SER el cónyuge del cual hablaba tu esposo; y te sentirías completamente libre para elogiarle una vez que supieras que tu propio trabajo era apreciado. No te sientas apurada en cuanto a solicitar la alabanza de tu esposo. No hay nada malo en la ayuda que recibes del elogio sincero.

Una vez, Norma escuchó por casualidad que la empleada de una tienda de comestibles explicaba lo mucho que le gustaba su trabajo a causa de la amabilidad de los clientes, lo que la hacía sentir aceptada y necesitada. "Además, mi jefe y los otros empleados me dicen que hago un buen trabajo" —expresaba—. "Prefiero estar aquí donde alguien me aprecia, que en casa con ese esposo que tengo. Aunque prepare una comida de diez platos, no lo nota; pero deja que me retrase una vez con la cena. . . ¡Entonces le oigo!

Aquella mujer precisaba admitir la necesidad que tenía del beneplácito de su esposo. Si una mujer no puede reconocer esa necesidad en su vida, su matrimonio se volverá rancio y superficial. Sus sentimientos de

amor y sensibilidad hacia su esposo se secarán, y ella comenzará a levantar muros para mantener al hombre a distancia. Una esposa no sentirá
nunca que es la ayuda y el complemento de su cónyuge, hasta que *oiga*
la manera en que está ayudando y completando (Génesis 2:18).

Sé específica con tu esposo acerca de *cuándo* necesitas su elogio.
Intenta decirle algo como: —Querido, ya sé que deseas tener un matrimonio feliz; ¿te gustaría saber cómo puedes hacer de mí una esposa muy
dichosa? No te costará nada; ninguna energía —sólo un poco de inven-
tiva.

—¿Cómo?

—Puedes mostrarme tu aprobación alabándome por lo que soy y por
lo que hago. Necesito de una manera particular tu elogio, por ejemplo,
cuando preparo una comida especial para ti o me esfuerzo en hacer algo
extraordinario. Unicamente tengo necesidad de saber si te ha gustado.
Lo preciso, y eso no está mal.

Quizás puedas explicarle mejor la necesidad que tienes de aprecio,
relacionándola con una de las experiencias personales de tu esposo.
Cuando cierto esposo preguntó a su esposa por qué no quería tomar una
vacación con él, ella respondió: "¿Te irías tú de vacaciones con tu antiguo
jefe?" (el hombre acababa de renunciar de su trabajo debido a las duras
críticas de que era objeto por parte de su patrón).

Su esposa le explicó cariñosamente: "Cuando me criticas, me siento
igual que tú cuando tu jefe lo hace contigo. Experimento frustración
cada vez que no reparas en lo bueno de mis comidas y únicamente señalas
lo que me he olvidado, diciéndome por ejemplo: La sal no está en la mesa;
o: No has comprado la clase debida de mantequilla. Aunque los dos
trabajamos, me da la impresión de que esperas que yo prepare la cena
mientras tú miras la televisión. Me siento menos que una persona.

El se quebrantó y lloró. Seis meses más tarde era un hombre totalmente diferente; y ahora, después de haber triunfado sobre la tentación
de quejarse, está libre para satisfacer la necesidad de aprobación y alabanza que tiene su esposa.

### ¡Muéstrate radiante cuando él te elogia!

La última manera de enseñarle a tu esposo la necesidad que tienes
de su aprobación, es resplandeciendo cada vez que él te elogia. Recom-
pénsale con entusiasmo y emoción; y haz que subconscientemente desee
alabarte más a menudo.

Como seres humanos que somos, todos necesitamos la alabanza y respondemos a la misma. No hay nada vergonzoso en desear una "palmadita en la espalda" de vez en cuando. De modo, que demuestra tu necesidad legítima reaccionando al elogio de tu esposo con una cara animada y expresiones radiantes. Seguro que él las recordará la próxima vez que necesites aprobación.

## *Para meditación personal*

Aprende de memoria Efesios 4:29. Indica las palabras que puedes utilizar para edificar a tu esposo. Luego, haz una lista de aquellas que le echan abajo, para que puedas evitarlas. Lo que sale de nuestras bocas debería animar y levantar a otros (Efesios 4:29).

## 13. Cómo ayudar a tu esposo para que comparta la responsabilidad por los niños y por las necesidades domésticas

*". . . Pero el casado tiene cuidado de las cosas del mundo, de cómo agradar a su mujer"* (1 Corintios 7:33).

¿Adónde se dirige tu esposo cuando a las cinco de la tarde pasa por la puerta? ¿Qué es lo que espera con ilusión cada día después del trabajo? ¿Una siestecita "debajo" del periódico y sentado en su sillón? ¿Quizás pasar una hora entera con el serrín y las sierras eléctricas en su taller?

¿Es acaso tan poco realista el desear que esperara con impaciencia estar *contigo* por las tardes, ayudándote con los niños y con las responsabilidades domésticas? No, no lo es. Creo que este capítulo te ayudará a motivar a tu esposo para que fortalezca su relación mutua por *compartir* contigo el trabajo de la casa y los niños. En otras palabras: el mismo ayudará a tu esposo para que piense en términos de hacer cosas *contigo* en lugar de dejarte toda la "faena".

El doctor James Dobson —un sicólogo eminente— dice que su verdadero trabajo en la vida comienza cuando llega a su casa por la noche: ayuda a su esposa con los niños y desarrolla relaciones con éstos mediante actividades que tengan significado. Me gustaría que todos los hombres, en todo lugar —incluyendo a tu esposo—, tomaran parte en uno de los desafíos y una de las obligaciones más grandes de la vida: la experiencia familiar. He aquí cuatro maneras para aumentar el deseo de tu esposo de "incorporarse a la familia".

# Explícale de un modo original la necesidad que tienes de su ayuda

Por lo general, los hombres no comprenden la necesidad de ayuda que tienen las mujeres con los niños y con las responsabilidades domésticas; y quizás tu esposo tampoco entienda de qué manera te afecta su descuidada forma de ser haciéndote sentir que estás llevando toda la carga sola.

El único modo de que tu esposo *puede* llegar algún día a comprenderte es que tu misma le expliques esto.

A muchas mujeres les da vergüenza —por temor al ridículo— decirles a sus esposos que se encuentran agotadas físicamente. En cierta ocasión, disertando sobre este tema, describí el tremendo cansancio que soportan muchas mujeres que están criando niños en edad preescolar. Más tarde, una mujer del auditorio me explicó que mientras yo hablaba ella literalmente había vuelto a vivir la fatiga que supuso educar a tres niños sin la ayuda de su esposo. Aquella mujer, no sólo había sufrido agotamiento físico, sino también angustia emocional, cuando su esposo menospreciaba las responsabilidades que ella tenía comparándolas con las suyas propias en el "duro mundo de los negocios".

Debido a la información errónea y generalizada acerca del trabajo de ama de casa, muchas mujeres tienen miedo de admitir que es esa su ocupación; y se sienten como mártires o como ciudadanos de segunda clase. Si un esposo detecta tales actitudes en su esposa, también él comenzará a mirarla con desdén; y pronto la comunicación verbal y sin palabras del hombre la herirá en su ser interno, y dañará seriamente la imagen que tiene de sí misma.

Para beneficio de tu esposo, debes pintarle un cuadro de tu propia persona. Deja que el mismo represente las limitaciones físicas y necesidades particulares que tienes. Sin ese cuadro, quizás tu esposo espere más de lo que eres capaz de dar. Pinta asimismo otro cuadro que te muestre exactamente lo que haces en la casa y con los niños. Explícale cuántas veces al día le cambias los pañales a tu hijo, metes en casa a los pequeños porque se han salido a la calle y recoges detrás de ellos. Ayúdale a formarse una imagen mental del cansancio y de la presión a los que te enfrentas sabiendo que nunca te pondrás al día con el trabajo del hogar. Abrele los ojos en cuanto al aburrimiento que experimentas doblando y volviendo a atar. Y, a continuación, cuéntale del desgaste mental que supone tener que contestar cientos de preguntas —"¿Mamá, puedo. . . ?" —de los niños.

Mientras el coautor de este libro traducía a palabras las tareas cotidianas a las que se enfrentan muchas mujeres, me dijo que sentía un
abrumante pesar por lo ciego que había estado en cuanto al duro trabajo
realizado por su esposa durante los últimos nueve años. "Gary" —expresó—, "no puedo dejarla que haga sola todo eso. Me ha hablado de
tales cosas desde hace años; pero hasta ahora no he comprendido por lo
que atravesaba realmente. Cuando pienso en el pasado, me doy cuenta
de que la he oído o visto hacer cada una de las cosas que has mencionado".

La lección más grande de mí vida no la aprendí ni en la universidad
ni en la escuela para graduados, sino en mi propio hogar. Con una sola
lección, conseguí una comprensión profunda de aquello por lo que pasa
mi esposa cada día de su vida. Si todos los esposos de este país pudieran
tener mi misma experiencia, las esposas serían entronizadas como reinas.
¿Cuál fue aquella lección? Mi esposa tuvo que someterse a una operación
mayor y permaneció dos semanas en el hospital. Durante aquel tiempo
yo cuidé de nuestros tres hijos, cociné las comidas —cuarenta y dos sin
contar las ochenta y cuatro meriendas entre las mismas—, e intenté
cumplir con los millares de responsabilidades domésticas en mi "tiempo
libre". Pronto comprendí que necesitaría toda mi dedicación sólo para
no atrasarme con los niños y hacer un poco de limpieza superficial. No
lograba realizar ni la mitad del trabajo que mi esposa hacía normalmente.

Un día, ella me preguntó: "¿Has podido limpiar el armario?" ¿Limpiar
el armario? ¡Por vida del chápiro! Había estado atestando de cosas aquel
armario únicamente para quitarlas de en medio; y en cierta ocasión incluso perdí a uno de los niños y le encontré alojado entre la pelota de
baloncesto y la ropa sucia. "Querida, no he tenido tiempo de limpiarlo
—le respondí—. ¡Estoy exhausto!" Todas esas tareas adicionales de las
que ella abarrotaba su horario, me hicieron comprender lo desalentador
y agotador que puede ser el trabajo de la casa si no se tiene ayuda.

Estoy seguro de que tú te das cuenta de que el esposo promedio se
levanta el domingo por la mañana, se viste, espera que le sirvan el desayuno y lanza miradas feroces porque su esposa no está lista a tiempo
para ir a la iglesia —mientras que ella ha supervisado el vestirse de los
niños y todo lo demás que tiene que ver con la preparación. Muchos
hombres ni siquiera hemos notado tal cosa.

Quizás seas una de las pocas esposas tan bien organizadas que pueden
mantener su hogar en perfecto orden sin ayuda de nadie. A mí, personalmente, me resulta imposible comprender cómo una mujer es capaz de

hacer tal cosa, a menos que esté descuidando todo lo demás en la vida para convertirse en la sirvienta de la familia. Sería muchísimo menos agotador el que consiguieras la asistencia de los tuyos en los quehaceres domésticos. Prueba la siguiente sencilla sugerencia: Convierte en un juego el que cada miembro de la familia recoja una cosa que no está en su sitio cada vez que sale de una habitación. De esta forma, nadie tiene que guardarlo todo, pero cada uno recoge algo; y no necesitas enfrentarte a la frustración que supone el ordenar toda la casa cada vez que tu familia "sopla" por la misma.

Otra sugerencia es que, una vez que hayas explicado a tu esposo la necesidad que tienes de su ayuda, solicítale sobre la base de su *fuerza física y su vigor*. Cuando precises su asistencia para mover una cómoda o levantar una caja pesada, házselo saber. Explícale cuánto más activa estarías por la noche si él se te uniera a ti en tus muchos proyectos. Y recuerda: Comparte las necesidades que tienes de una manera cariñosa y sin amenazas.

Un esposo recién casado rechazaba la petición que le hacía su esposa de que la ayudara a fregar los platos. El hombre francamente consideraba aquello indigno de él —su madre nunca había esperado recibir ese tipo de ayuda de su padre. Además, los platos eran cosa de su esposa. El trabajaba todo el día y se creía con derecho de volver a casa y relajarse. Cada uno tenía sus propias responsabilidades. *Probablemente ella ve una forma fácil de librarse de su trabajo ahora que yo estoy cerca* —pensaba el hombre; pero su actitud cambió inmediatamente cuando por último su esposa le explicó que sólo quería estar con él, hablar con él y gozar de su compañía.

Es probable que tu suegro no ayudara a su propia esposa con los quehaceres domésticos. De ser así, posiblemente tu esposo pensará que el trabajo de la casa es impropio de un hombre; y puede temer que sus amigos o familiares le sorprendan en el deshonroso acto, tildándole luego de estar dominado por su esposa el resto de su vida. O quizás simplemente ponga en duda el que necesites su ayuda, al recordar las habilidades de "Llanero Solitario" que tenía su madre.

Déjame darte un ejemplo de cómo puedes identificarte con tu esposo en esta área: "Cariño, quiero que sepas cuánto aprecio tu duro trabajo; y me doy cuenta de que probablemente no tienes ganas de ayudarme en la casa después de un día agotador en tu ocupación. No obstante, ciertamente me sería más fácil satisfacer tus necesidades como esposa si pudieras hacer algunas cosas *conmigo*. Además de tu asistencia física en los quehaceres del hogar, gozaría de tu compañía. Me la paso tan bien contigo".

Si después de una sugerencia tan cariñosa, tu esposo da a entender que has tramado un hábil plan para conseguir que él haga el trabajo que te corresponde hacer inténtalo otra vez. Esta es la oportunidad perfecta para expresar dos de aquellas cualidades internas de las que hablamos anteriormente: valor y perseverancia. Sigue explicándole de un modo cariñoso y creativo a tu esposo cuánto necesitas su compromiso en el hogar —especialmente si trabajas fuera de casa.

Mirando atrás, veo el daño que causé a mi propio matrimonio al esperar que mi esposa realizara cosas para las cuales no estaba hecha. La "forcé" a trabajar duramente por encima de su capacidad física, contando con que me ayudara a cuidar el jardín, a transportar muebles, a levantar cajas pesadas... ; a menudo incluso añadía recados a su sobrecargado horario, pensando que tenía mucho tiempo libre. Y, para asegurarme de que no holgazaneara, hacía el papel de inspector general: "Norma, dime lo que has hecho hoy". ¡Ojalá hubiera sabido entonces lo que ahora sé!

Un amigo íntimo compartía una vez mis sentimientos al recordar el nacimiento de su segundo hijo. Insensible e ignorante como era de las necesidades de las mujeres, permitió a su esposa reanudar sus tareas domésticas normales demasiado pronto después de un parto muy difícil. Durante los tres años siguientes, ésta sufrió dolores agudos hasta que finalmente tuvo que someterse a una operación seria. Mi amigo decía que ahora se da cuenta de que el dolor y la angustia mental que padeció su esposa hubieran podido prevenirlas fácilmente su comprensión tierna y su ayuda.

Recuerda, que estás haciendo un gran favor a tu esposo al ayudarle a *comprenderte*: "Maridos... vivid con ellas sabiamente ... dando honor a la mujer... para que vuestras oraciones no tengan estorbo" (1 Pedro 3:7).

## Explícale a tu esposo como su ayuda traerá beneficios duraderos a tus hijos

Muchos siquiatras infantiles dicen que los niños necesitan desesperadamente ver una relación amorosa auténtica entre sus padres; y han descubierto que aquellos hijos que ven un afecto profundo entre sus progenitores tienen menos problemas mentales y emocionales en la vida. Los niños cuyos padres están en pugna, pueden perder su sentido de valor personal e ir desmejorándose hasta caer en problemas sicológicos. La respuesta no es concentrar todo tu afecto en tus hijos.

El doctor Alfred A. Nesser, de la Facultad de Medicina de la Universidad Emory, advierte contra el peligro de centrar la vida familiar en el amor por los hijos. El cree que incluso un matrimonio de muchos años puede desintegrarse si él o la mujer da más amor a los niños que a su esposa o esposo. Y en el libro: *Seven Things Children Need* (Siete cosas básicas que necesitan los niños), John M. Drescher decía: "La mujer que ama a sus hijos más que a su esposo está poniendo en peligro *tanto* a éstos como a su matrimonio".

Por el bien de tus hijos, es crucial que tú y tu esposo hagan todo lo posible para fortalecer su relación de amor. Una de las mejores maneras de demostrar su afecto el uno por el otro es hacer cosas juntos en casa. Mientras disfrutas de la compañía de tu esposo, tus niños estarán desarrollando sentido de valor personal y seguridad conociendo la relación saludable que existe entre sus padres.

## Motívale a que ayude dando muestras de entusiasmo por su asistencia

A lo largo de este libro hemos subrayado la importancia de expresar aprobación por medio de la alabanza y otros métodos indirectos. Quizás el más enérgico de esos métodos sea el de mostrarte radiante —manifestar un aprecio entusiasta con la expresión facial adecuada. Cuando te muestras radiante en respuesta a la ayuda de tu esposo, no sólo aumentas los sentimientos de valor personal de éste, sino que le proporcionas un incentivo para que te ayude en el futuro.

He oído decir a muchas esposas: "Cada vez que mi esposo ayuda en casa, le da tanta importancia que preferiría hacer las cosas yo misma". Tales mujeres olvidan que para él *tiene* mucha importancia. El hombre cree verdaderamente que cualquier trabajo que realiza después de las cinco de la tarde representa "horas extras". Siempre que hace alguna tarea en el hogar, ya sea grande o pequeña, probablemente piensa que es el mejor esposo del mundo. ¡No le explotes el globo menospreciando su ayuda! En vez de eso, alábale y muestra un aprecio genuino por lo que ha hecho. Díle que le consideras superespecial, ya que muchos esposos no ayudan en absoluto a sus esposas. Tu elogio hará más profundo el amor que él te tiene, y aumentará su deseo de ayudarte.

Mi madre tenía un truco para hacer que me sintiera especial. Ya que durante muchos años estuvo viuda, a menudo necesitaba mi ayuda en el hogar con objeto de poder trabajar para mantener a la familia. Siempre que volvía a casa de la escuela, por lo general los platos del desayuno y de la comida del mediodía estaban apilados en el aparador. De vez en cuando, limpiaba aquel jaleo haciendo el mejor trabajo que podía hacer un niño. Cuando mi madre llegaba de trabajar y encontraba el aparador limpio, mostraba con expresiones faciales vivaces. Luego, me ponía la mano en la frente, actuando como si pensara que estuviera enfermo. Nunca criticaba mi trabajo —aunque yo derramaba mucha agua y rompía unos pocos platos. Mamá le daba tanta importancia a mi pequeño quehacer doméstico, que hacía que me sintiera magníficamente bien. El aprecio que ella mostraba por mi labor la convertía en algo que valía la pena.

Cuando tu esposo hace "algo grande" en casa puedes reaccionar de dos maneras: señalándole lo que ha realizado mal y ahuyentándole, o concentrándote en lo que ha hecho bien y ganando así su cooperación. No des a tu esposo ninguna excusa para no ayudarte en el futuro —nada de entrecejos fruncidos o de gruñidos de disgusto. Aquellas de ustedes que tengan la tendencia a ser perfeccionistas, habrán de armarse de mucha paciencia hasta que sus esposos aprendan cómo quieren que hagan el trabajo. Simplemente acepta su ayuda, de cualquier tipo que sea, y corrígela después.

Sobre todo, recuerda: Nunca es demasiado tarde para cambiar. Cierto esposo se negó a ayudar a su esposa con cualquier responsabilidad doméstica durante diecinueve años de matrimonio; sin embargo, una crisis personal le motivó a cambiar en tres meses. Ahora, el hombre quita la mesa después de cada comida y espera con ilusión el momento de fregar los platos con su esposa; también la ayuda de principio al fin con el lavado de la ropa (su esposa podría haber perdido terreno en su relación con él insistiendo en su método especial de doblar las toallas; pero en vez de ello, lo pasó bien enseñándole hasta que finalmente el hombre aprendió a hacerlo de la manera que a ella le gusta).

## Consigue su ayuda presentándole a un verdadero "hombre de hombres"

Cierto verano, hace varios años, tomamos una corta vacación como familia en un lugar de temporada a orillas de un lago. Sentíamos que necesitábamos un descanso de todas las presiones que había en casa: un tiempo "únicamente familiar" para pasarlo juntos. Sin embargo, terminó no siendo sólo para la familia. En aquel sitio de veraneo conocí a otro esposo cuya relación con su esposa me hizo tal impresión, que de allí en adelante disfruté ayudando a la mía en casa y con los niños.

El hombre era un entrenador profesional, fuerte y atlético, a quien había admirado desde lejos por algún tiempo. Me gustaba todo lo de él menos la manera en que trataba a su esposa: uno pensaría que era una reina por el modo que tenía su esposo de ayudarla. Durante una sorprendente semana le observé mientras la asistía en preparar comidas, y poner y quitar la mesa. A menudo se ofrecía a ayudarla sin que ella ni siquiera se lo pidiera, y siempre desempeñaba el papel más importante cuando se trataba de corregir a los niños, en lugar de esperar que su esposa asumiera toda la responsabilidad. Una vez incluso animó a su esposa a que leyera un libro mientras él hacía los trabajos rutinarios. ¡Ya lo creo que me dejó por los suelos! A su lado me sentía tan fracasado como esposo y como padre, que casi hubiera querido hacer las maletas y volver a casa.

Puede que pienses que su esposa actuaba como si ella llevara la voz cantante. En absoluto. Evidentemente la mujer amaba profundamente a su esposo y le mostraba un respeto sincero en todo momento —trataba a su esposo de la manera en que yo quería que mi esposa me tratara a mí. Pero no me atrevía a compararla con Norma. Después de todo, ¿cómo podía esperar que ella me diera esa clase de tratamiento cuando yo no estaba dispuesto a hacerlo a mi vez?

Quizás ese "hombre de hombres" no era tan tonto al ponerse un delantal y sumergir sus brazos en agua sucia. A medida que les observaba a él y a su esposa, y veía el amor que se tenían el uno al otro, comencé a comprender que el verdadero tonto era yo. Si quería que mi esposa me tratara como la suya le trataba a él, tendría que ganármelo. Muchas veces me he sentido agradecido por el magnífico ejemplo de aquel hombre.

Quizás no conozcas a nadie como él; pero mantén los ojos abiertos en cuanto a algún hombre a quien tu esposo respeta. Si dicho hombre trata a su esposa de la manera en que quisieras ser tratada, entonces intenta pasar más tiempo con la pareja en compañía de tu esposo; con objeto de que éste pueda beneficiarse del ejemplo del otro. Sin embargo, *nunca* apremies a tu esposo para que cambie comparándole con otro hombre. Créeme: es mucho más probable que él decida hacerlo al *reparar* en el ejemplo vivo de su amigo.

## Consigue su ayuda utilizando una "lista cariñosa de sugerencias"

A algunos esposos no les gustará en absoluto la idea que voy a darte a continuación; sin embargo, muchos la encontrarán útil para aprender cómo entrar a tomar parte en las responsabilidades domésticas de sus esposas.

Con frecuencia, mi esposa me da una lista de cuatro o cinco tareas con las cuales necesita ayuda los sábados o después de las horas de trabajo. Ella siempre tiene cuidado de no abrumarme poniendo demasiadas cosas en cada lista, y me explica cualquier detalle acerca de ésta que de otra manera no estaría claro; por ejemplo: "Cariño, en la ferretería no tenían la perilla que quería que instalaras; así que necesito que la pidas por el catálogo". Da la casualidad de que a mí me gustan arreglar cosas mecánicas; pero quizás a tu esposo no. De ser así, no pongas en la lista trabajos que le resultan desalentadores o imposibles de realizar. Provéele de bastantes quehaceres como para que él participe y tengas una carga más ligera; pero no de tantos que le haga temer la próxima lista. Y sobre todo trata de incluir tareas que pueda realizar *contigo*.

Una vez que hayas confeccionado tu lista, anima la curiosidad de tu esposo en cuanto a la misma. Explícale de qué manera la ayuda que él te preste mejorará directamente la relación entre ambos, hará más fácil para ti satisfacer sus necesidades, etc. Si tu esposo reacciona de una forma negativa, abandona la idea por un tiempo o disminuye el número de tareas hasta que él comience a ver los beneficios de ayudarte.

### Para meditación personal

Mientras oras para que tu esposo te comprenda plenamente y entienda los motivos que tienes para querer *compartir* su vida con él —incluyendo las responsabilidades domésticas—, aprende el profundo significado de Lucas 18:1–6, y con un espíritu sosegado de expectativa de parte de Dios, acércate a él con tus peticiones; y también a tu esposo.

## 14. Cómo motivar a tu esposo para que satisfaga las necesidades materiales que tienes

*"Por nada estéis afanosos, sino sean conocidas vuestras peticiones delante de Dios en toda oración y ruego, con acción de gracias"* (Filipenses 4:6).

Quizás la primera cosa que aprenden los recién casados es que dos personas pueden vivir con el mismo dinero que una —durante la mitad del tiempo. El adaptar el estilo de vida al sueldo es una penosa exigencia durante esos primeros años de matrimonio; y a menudo hace estallar una guerra que puede terminar en divorcio.

Lo que para un cónyuge es de absoluta necesidad, el otro lo considera un lujo innecesario. Quizás ella haya tenido la costumbre de ir a la peluquería una vez por semana desde que aprendió a andar; y su esposo —muy al tanto de la moda— puede haber ido añadiendo una camisa y una corbata a su vestuario todos los meses durante los pasados quince años —así que se pelean por el dinero que queda en la caja a fin de mes. El sencillamente tiene que comprarse una camisa y una corbata nuevas; y ella sabe que se convertirá en la hazmerreír de la comunidad si no se arregla el pelo. Los esposos cuyas esposas no trabajan fuera de casa, piensan a menudo: "Es mi dinero"; y defienden su postura con declaraciones como: "Si quiero que se me respete en mi trabajo tengo que parecer y sentirme alguien que está triunfando". Ese tipo de declaraciones pueden enviar a una esposa Calle de la Culpa abajo, y hacer que empiece a experimentar sentimientos de culpabilidad por desear algo para sí misma. Desde luego, ésta es una de las motivaciones principales de las mujeres para buscar empleo fuera del hogar —"Así puedo ganar mi propio dinero". Pero aun aquellas esposas que se ciñen a las necesidades, quizás sientan que tienen que justificar o explicar adónde ha ido a parar cada centavo. Sus esposos tal vez suelten alegremente cuatrocientos o quinientos dólares por un nuevo juguete y luego las interroguen sin piedad acerca de diez dólares de más en la cuenta de la compra.

Ya que su ambiente se convierte en la parte integrante de la vida de las mujeres, éstas sufren a menudo de depresión cuando sus hogares no son una expresión de sí mismas, sino de lo que pueden permitirse: "Este cuadro no representa mi gusto, sino sólo mi presupuesto" —piensan. Evidentemente, la solución no es hacer un montón de compras extravagantes para convertir su casa en la perfecta ilustración de su personalidad; sin embargo, puedes obtener la libertad de hacer de tu hogar una expresión de ti misma paso a paso. No estoy sugiriéndote que descuides las necesidades básicas de tu familia con objeto de mejorar la casa; pero es probable que una parte del sueldo de tu esposo se pueda canalizar hacia las necesidades que tienes. Este capítulo te proporcionará los métodos necesarios para motivar a tu esposo con objeto de que satisfaga alegremente tus necesidades como esposa, madre, individuo, y ama de casa. Después de todo, el que él provea para su familia es una responsabilidad bíblica elemental (1 Timoteo 5:8).

A lo largo de los años, he identificado con precisión cinco maneras en las cuales los esposos han sido motivados a satisfacer las necesidades de sus esposas. Las cinco no producirán necesariamente el mismo efecto en todos los hombres; así que deberás determinar qué método puede tener mejores posibilidades con tu esposo. Para muchas de las lectoras, los experimentos y las equivocaciones serán la única manera de descubrir el mejor de esos métodos.

## Expresa tus necesidades materiales con convicción y entusiasmo

Durante veinte años, Carolina se había andado con rodeos a la hora de expresar necesidades materiales a su esposo. Como muchas otras mujeres, temía el interrogatorio despiadado por parte de éste. Cristóbal —su esposo— había establecido una serie de preguntas de efecto seguro cuando ella manifestaba sus necesidades; y como resultado de aquello, Carolina desarrolló una justificación también segura que utilizaba con objeto de preparar a Cristóbal para cada una de las mismas. Difícilmente podía ser éste un método positivo —la mujer más bien parecía un perrito

plañidero. Ella estaba siempre dolorosamente consciente de su "ofen-
siva" petición anterior, y todavía más temerosa de hacer otra. Su esposo
por lo general, respondía con poco o ningún interés; y cuando cedía y le
daba algún dinero, era de mala gana, lo cual hacía que Carolina se sintiera
aún peor. Pero, por último, la mujer se cansó de su método y de la
respuesta de su esposo, dándose cuenta de que ella era un individuo
valioso con opiniones e ideas tan válidas como las del hombre. Por lo
tanto, decidió comenzar a expresar sus necesidades de una manera directa
y positiva. Así que sin pedir disculpas o dar explicaciones, dijo con una
sonrisa: "Querido, tengo que comprarle un abrigo nuevo a Tomasito;
está empezando a hacer frío y el otro se encuentra ya gastado. Necesito
treinta dólares, porque lo voy a comprar hoy".

Carolina se quedó sorprendida de la reacción de su esposo: "Oye,
eso es magnífico" —expresó el hombre—. "Gracias por cuidarte de ello"
—y le dio el dinero sin hacer ninguna pregunta. (Ten en cuenta que el
dinero no representaba problema alguno para Cristóbal. Poseía mucho,
pero era muy cuidadoso con él). Lo único que se necesitó fue una presentación lógica con confianza y convicción por parte de su esposa. Una
vez que Cristóbal sintió la urgencia de la necesidad, estuvo dispuesto a
ceder y satisfacerla.

Muchas mujeres encuentran menos resistencia, crítica e interrogatorio cuando expresan sus necesidades directamente a sus esposos; y
aunque este método directo puede fallar con algunos esposos, sé que
conmigo da resultado. Aprecio de veras la forma franca, entusiasta y
lógica que tiene mi esposa de presentar las necesidades de nuestra familia.
El sentido hebreo de "virtuosa" —como era la mujer que se describe en
Proverbios 31:10–31 —es que tiene "convicción e influencia".

Este principio influye en mí a diario aun fuera de mi hogar. Cuando
la gente me aborda con un largo preámbulo de excusas, invariablemente
pierdo el interés en ayudarles. Tales excusas —en lo que a mi tiempo se
refiere— les ponen a sus necesidades una etiqueta de "poco importante".
Cuando escucho a alguien decir: "Señor Smalley, me gustaría de veras
hablar con usted, pero detesto robarle su tiempo"; pienso para mí: *Estoy
realmente demasiado ocupado para ayudarle.* Por otro lado, si las personas
piden que les dedique mi atención con convicción y entusiasmo, por lo
general me siento deseoso de encontrarme con ellas. "Gary, se me ha
presentado un problema difícil, y necesito algunas respuestas enseguida.
Quería empezar a hacer algo ya al respecto, y sé que tú eres la persona
indicada para ayudarme. ¿Podrías dedicarme un rato? Es muy impor-

tante". Desde luego que lo haré. Me entusiasma prestar ayuda a gente así, porque sé que están listos para aceptar una solución; y vienen a hablar porque quieren respuestas de inmediato.

Aquí, de nuevo, podemos concentrarnos en el valor de las mujeres. Ya que éstas parecen ser más cuidadosas con las relaciones, sería razonable suponer que te das cuenta antes de las necesidades físicas especiales de tu familia e hijos; y puesto que los hombres suelen estar más absortos en su vocación necesitan recordatorios. Reconoce tu posición ventajosa y deja que tu esposo *vea* las convicciones que tienes y tu entusiasmo.

Permíteme también recordarte que el escoger el momento oportuno y la actitud que tengas son cruciales para la eficacia de este método. Sé particularmente sensible al estado de ánimo de tu esposo antes de abordar el tema de las necesidades. Quizás él necesite tiempo para descansar, darse una ducha o correr un poco a paso gimnástico antes de que tú comiences la conversación. Una vez que esté listo, comparte tus necesidades y sentimientos de manera sincera pero no crítica. Ten cuidado de no acusar a tu esposo de ser despreocupado. Y sobre todo, evita la ira —ésta puede hacer que él se afirme en su posición y defienda sus actitudes más que nunca.

Una actitud entusiasta puede evocar precisamente la respuesta contraria. Cuando al esposo se contagia con el entusiasmo contagioso de su esposa, también él considerará las necesidades de ésta como algo de la mayor importancia. Haz que dicho entusiasmo fluya reconociendo que tus propias necesidades son válidas y dignas de ser expresadas con confianza. Tu esposo notará la diferencia y empezará a admitir que tienes una conciencia especial de aquellas cosas que son imprescindibles.

## Apela a su sentido de la lógica

La mayoría de los hombres necesitan una presentación ordenada de los hechos antes de poder tomar una decisión; por eso es importante que aprendas a expresar las necesidades de tal forma que él pueda "procesarlas". Siempre que quieras presentar una necesidad a tu esposo, hazte las cuatro preguntas siguientes:

1. ¿Por qué lo necesito?
2. ¿Cuál es el mejor producto en el mercado?
3. ¿Dónde puedo comprarlo por el precio más bajo?
4. ¿Cuáles serían las consecuencias si no lo comprara ahora?

## ¿Por qué lo necesito?

Esta pregunta ayudará a tu esposo a ver los beneficios de la compra que quieres hacer. Incluso un vestido nuevo o una cita en un salón de belleza para ti puede tener efectos positivos en tu esposo y familia. Lo que quizás parece una petición egoísta por tu parte, supone a menudo un beneficio potencial para los tuyos. ¿Cómo es eso? ¿No te sientes 100 por ciento mejor con un nuevo peinado? ¿No afecta ello a la forma en que tratas a tu esposo y a tus hijos durante la cena? Si este es el caso, todo lo que tienes que hacer es anotar *por qué* quieres realizar una compra en particular y los efectos positivos que ésta tendrá en tu esposo y familia. Luego, simplemente presenta los hechos de manera tranquila y ordenada.

## ¿Cuál es el mejor producto en el mercado?

A pesar de que por último has llegado a la conclusión de que necesitas un sofá nuevo, no estás del todo lista todavía para abordar a tu esposo. Ahora tienes que descubrir cuál es la forma más efectiva de satisfacer esa necesidad a largo plazo al precio más bajo. Deberías determinar el estilo y la marca que te dará mejores resultados haciendo el menor gasto. Lo más barato acaba siendo a menudo más caro. Por ejemplo: cierto sofá quizás parezca una "ganga" porque vale 400 dólares; pero si está construido a tan bajo precio que dura sólo dos años, el costo proporcional de ese "sofá ganga" es de 200 dólares al año. Por otro lado, un sofá de mayor calidad puede costarte 600 dólares y durarte seis años. Aunque te sale por 200 dólares más al principio, a la larga sólo te cuesta 100 dólares al año. Con esto no estoy sugiriendo que la mercancía más cara es siempre mejor para ti —muchas de tus compras estarán limitadas por tus ingresos. Sin embargo, si puedes posponer tu compra y ahorrar para la mejor adquisición a largo plazo, mostrarás a tu esposo que tienes buen juicio y habilidad para los negocios; y el hecho de que hayas investigado los productos existentes en el mercado te hará ver la seriedad de la necesidad en cuestión. Llama por teléfono a diferentes tiendas y pídele al vendedor que te dé las marcas de la mejor mercancía. Después de varias llamadas, quizás cuatro o cinco vendedores te habrán dicho que una marca determinada es la mejor.

## ¿Dónde puedo comprarlo por el precio más bajo?

Dudo que necesites ayuda en esta área —la mayoría de las mujeres son excelentes compradoras—; sin embargo, lo que quiero destacar es que tu esposo precisa saber que has comprobado los precios en *varias* tiendas. Siempre me causa impresión cuando Norma puede mostrarme las etiquetas con precios altos de tres o cuatro almacenes y luego aquella de precio bajo del lugar donde ella piensa realizar cierta compra. El saber que no está siendo engañada por un vendedor hace que me sienta más seguro. Ya que el comprar comparando los precios requiere tiempo y esfuerzo, ello me demuestra que mi esposa no está haciendo impulsivamente un montón de compras.

**¿Cuáles serían las consecuencias si no lo comprara ahora?**

Al considerar las respuestas a esta pregunta, los soportes débiles de tu necesidad se desmoronarán —confiemos que dejarán en pie la verdadera urgencia de la misma. Un estudio cuidadoso puede revelar que realmente no necesitas hacer la compra dentro del plazo que estableciste al principio. En tal caso, la carga que representa la presión del tiempo será levantada de tus hombros. Por otro lado, quizás descubras que el no realizar la adquisición inmediatamente tendría serias consecuencias. Ese tipo de evidencia comunicaría lo urgente que es cierta necesidad a cualquier esposo.

Una vez que tengas las respuestas a cada una de estas cuatro preguntas, deberías estar lista para hacer una presentación lógica del asunto a tu esposo. Si después de mucha investigación todavía no sabes qué artículo comprar o dónde hacerlo, entonces pon a tu esposo en acción. Cualquier cosa que puedan llevar a cabo juntos fortalecerá la relación entre ustedes.

## Expresa gratitud por las necesidades que él ya ha satisfecho

Hay una gran cantidad de maneras originales para expresar gratitud por las necesidades materiales que tu esposo ha satisfecho. Cierta esposa lo hizo librándose de un mueble que su esposo aborrecía. Cuando él se dio cuenta de que aquél ya no estaba, la mujer le dijo que lo había botado para expresar agradecimiento por la manera en que él había satisfecho cierta necesidad familiar.

## Aprende a estar satisfecha con sólo tu esposo

Durante años estuve agobiado por las expectativas materiales de mi esposa, y me sentía poco motivado para satisfacer sus necesidades de la manera que ella quería. Pero de repente, Norma cambió de rumbo; y casi a diario expresaba un aprecio genuino por mí. Las posesiones materiales ocuparon un lugar secundario. Después de un año de mostrarme su estima de forma directa e indirecta, me di cuenta por fin de que me amaba únicamente por ser yo, y no por lo que hacía por ella. Pronto estuve buscando cualquier oportunidad de satisfacer sus propias necesidades y las de nuestra familia; y no pude negarle aquellos muebles que quería desde hacía años. Ahora que yo sabía que sus expectativas no estaban puestas en dichos muebles, me sentí libre para comprárselos. Convertimos aquello en un proyecto principal y gastamos varios miles de dólares amueblando nuestro hogar de la manera que ella siempre había deseado.

He conocido a esposas tan satisfechas de sus relaciones personales con Dios, sus esposos, y sus familias, que pueden vivir felices en cualesquiera circunstancias con la filosofía de: "Lo que tienes, no es ni la mitad de importante que a quién tienes".

## Lleva una "lista cariñosa de sugerencias" para tu esposo acerca de necesidades materiales

Este método puede disgustar a muchos hombres; pero para algunos —entre los que me incluyo— representa un útil recordatorio de necesidades reales. La "lista cariñosa de sugerencias" consiste en una relación de necesidades materiales las cuales quisieras que tu esposo satisficiera en un plazo determinado. Las cosas contenidas en esa lista deberían ser razonables y alcanzables para tu esposo con el presupuesto que tienen. Dicha relación sirve como presentación previa de las necesidades familiares, la cual libera a tu esposo de la presión que suponen los gastos imprevistos. Utiliza tu sensibilidad para determinar si tu esposo apreciaría de veras una lista como esa. Si te parece que él está interesado, comiencen a trabajar *juntos* en la misma y pongan las cosas en orden según el grado de importancia que tengan. Si notas que tu esposo se siente agobiado con la lista, por supuesto, revísala o rómpela. El propósito de ésta es aliviar la carga de tu compañero, no aumentarla.

Yo abogo que todos los esposos satisfagan las necesidades materiales de una manera amorosa; y tengo la confianza de que tú puedes motivar al tuyo a que lo haga, viviendo los cinco principios que he descrito en este capítulo. Pero espero que mantendrás tu afecto y tu deseo concentrados en el Señor y en tu esposo, no en las posesiones materiales. Sólo las *relaciones personales* proporcionan una satisfacción que dura toda la vida.

## Para meditación personal

*Aplicación de Filipenses 4:6, 7*

1. Haz una lista de tus necesidades domésticas importantes.
2. De una manera tranquila y expectante, da a conocer al Señor esa lista de necesidades.
3. Con un espíritu de acción de gracias, pon al corriente a tu esposo de la seria lista de oración; y hazle saber que si Dios le dirige a ayudar en cuanto a la misma, te sentirás muy emocionada.
4. Acepta la *paz* del Señor mientras *esperas* que conteste a tu oración —posiblemente y es de esperar que a través de tu esposo.

## 15. Cómo aumentar y hacer más profundo el afecto de tu esposo por ti

*". . . El que siembra escasamente, también segará escasamente; y el que siembra generosamente, generosamente también segará"* (2 Corintios 9:6).

Timoteo lanzó una mirada a Rosa desde el otro lado de la mesa en la que estaban desayunando; y mientras la observaba se dio cuenta de algo desagradable: "Ya no siento ningún amor por ella. . . ¿por qué me casaría con ella?" —pensó el hombre.

Evidentemente, la enfermedad de Timoteo no se podía curar con un par de aspirinas y bebiendo mucho líquido: estaba sufriendo del antiquísimo problema de las expectativas poco realistas —pensando que su esposa seguiría siendo siempre la joven de veinte años con quien se casó. Pero Rosa había cambiado durante los últimos ocho años.

Típicamente, la mayoría de nosotros esperamos que nuestros cónyuges conserven su atractivo físico y emocional del principio; pero una cosa curiosa sucede de camino a la jubilación: cambiamos. Y si cambiamos aquellas cosas que en otro tiempo nuestra pareja encontraba atractivas, tenemos que substituirlas por algo mejor.

Aun durante la fase del noviazgo, el afecto de tu esposo por ti no fue algo que "sucedió por casualidad"; sino algo que creció como respuesta a alguna cosa que a él le gustaba de tu persona. Quizás los sentimientos de él fueron inspirados por tu aspecto físico, tu personalidad o por cómo hacías que él se sintiera. Si has eliminado esas cualidades positivas, tal vez el amor que tu esposo sentía por ti haya disminuido hasta convertirse en apatía.

Durante los días de tu noviazgo, probablemente tenías un contacto limitado con tu prometido; y era fácil para ambos poner las necesidades o los mejores intereses del otro en primer lugar —ya que no estaban obligados a hacerlo veinticuatro horas al día. Y, evidentemente, si tu novio hacía pasar primero los mejores intereses tuyos hasta el punto de descuidar los suyos propios, tu corazón se derretía por él diariamente como respuesta; y viceversa.

Sin embargo, después de casarse las cosas cambiaron rápidamente; y el contacto entre ustedes no estuvo ya limitado a las ocasiones en las que ambos se hallaban "en su mejor momento". Los propios intereses de tu esposo empezaron a tomar prioridad sobre aquellos tuyos, y a la inversa. Bajo tales circunstancias los sentimientos exaltados no tardaron mucho en aquietarse.

Esta es la razón de que "la otra mujer" tiene tanta ventaja. Ella puede ofrecer a tu esposo esos nuevos atractivos que él da por sentado que tú has perdido; y es capaz de inspirar prontamente los sentimientos románticos profundos que tu esposo anhela experimentar por ti. En el marco de sus breves encuentros, tanto él como ella pueden someter sus naturalezas egocéntricas y esforzarse.

¿Qué puedes hacer específicamente para aumentar tu belleza interior, la cual se refleja en forma natural en tus ojos y tus expresiones faciales y que indudablemente hace mayor tu atractivo?

## Mantén una chispa encendida

Hay varias maneras de "mantener una chispita encendida" por tu persona en el corazón de tu esposo. Ya sé que te encantaría verlo iniciar la aventura romántica; pero quizás hayas de encender el fuego tú misma durante cierto tiempo. Aunque comiences a practicar algunas de las siguientes ideas, es posible que tu esposo no se enamore perdidamente de ti de la noche a la mañana —sin embargo, sus sentimientos cambiarán gradualmente. Así que no te sorprendas si algún día te despiertas por la mañana y es él quien *te* besa en la mejilla. Al mismo tiempo, prepárate para la conmoción, la risa, o incluso la respuesta negativa de tu esposo a tus intentos románticos. Simplemente hazle saber que le amas y que estás tratando de expresar tu amor de maneras especiales. Las ideas que he sugerido de ninguna manera lo incluyen todo; hay probablemente miles de formas de introducir romanticismo en la relación conyugal —ojalá que las mías sirvan de trampolín para tus propias formas originales.

**Planea actividades que le hagan sentirse especial a tu esposo**

Aquí puedes dejar que tu imaginación se desboque. Aunque las posibilidades son ilimitadas, sabes el tipo de actividades que harán que él se sienta especial —quizás su comida favorita a media luz o una escapada de fin de semana a su lugar predilecto de temporada. Sea cual sea la actividad, siempre puedes realzar dicha ocasión poniéndote el perfume que tu esposo prefiere o un vestido que a él le guste de verdad.

Al planear actividades especiales de vez en cuando y añadir un poco de variedad, mostrarás a tu esposo lo importante que le consideras. Quizás él no te alabe enseguida —no esperes que lo haga—; pero si perseveras, a la larga tu esposo responderá con alabanza y un mayor afecto.

**De vez en cuando sé la iniciadora en el área sexual de la relación conyugal**

Por lo general los hombres inician los requerimientos sexuales en el matrimonio, y no necesitan realmente preparación para sentirse excitados sexualmente. Una mujer, por el contrario, precisa ser preparada mediante el romanticismo tierno y amoroso, y su capacidad de responder a las insinuaciones sexuales puede verse afectada incluso por el comportamiento de su esposo durante los días y las semanas anteriores. Aunque tú entiendes esto, tal vez tu esposo no. Aun cuando tal cosa pueda parecer antinatural es importante que de tanto en tanto tú inicies la intimidad si deseas aumentar el afecto que él te tiene.

Quizás te resulte sumamente difícil iniciar la relación sexual si has sido menospreciada, oprimida, criticada o rebajada durante años. Muchas mujeres han dicho que el tener relaciones sexuales con su esposo sin estar preparadas emocionalmente, les hace sentir como prostitutas. Para que una mujer participe libremente en la relación sexual, tiene que entregarse plenamente; y cuando es incapaz de hacerlo debido al mal trato que ha recibido de parte de éste, o a una preparación deficiente, siente como si el hombre únicamente estuviera utilizando su cuerpo. Si has experimentado algo así hacia tu esposo, puede que te resulte repugnante el iniciar la relación sexual con él a base de pura fuerza de voluntad. Sin embargo, a medida que los lazos entre ustedes se hagan más tiernos y profundos, te resultará más natural entregarte a él e incluso iniciar la intimidad sexual.

Cuando tú inicias la misma ocasionalmente, usa la imaginación para hacer la alcoba y tu propio aspecto lo más seductores posibles. Algunas maneras en las que puedes añadir originalidad al momento, son: utilizando perfume, poniendo la habitación a media luz, diciendo palabras tiernas y acariciando.

Otra forma de hacer la ocasión más satisfactoria para ti misma y para tu esposo, es que cada uno de los dos se concentre en complacer al otro sexualmente. Me he dado cuenta de que la actitud desprendida y desinteresada contribuye en grado máximo al goce sexual. La satisfacción mayor de un hombre tiene lugar cuando pone todo su corazón en estimular a su esposa y llevarla a una experiencia culminante. Al mismo tiempo, la mujer se siente más realizada si se concentra en satisfacer las necesidades de su esposo. La relación sexual egoísta lo único que hace es eliminar la posibilidad de obtener el máximo placer.

No necesito decir que hay docenas —si no cientos— de libros escritos por entendidos acerca de cómo hacer más satisfactoria la experiencia de la alcoba. Pero yo creo firmemente que la mejor relación sexual tiene lugar cuando un esposo empieza a satisfacer a diario las necesidades emocionales de su esposa —las técnicas y el ambiente más excelentes no pueden entusiasmar a una mujer desatendida.

## Permanece flexible

A la mayoría de las mujeres les gustaría tener los días programados de principio a fin —sin ninguna sorpresa. Los horarios pueden ser beneficiosos cuando proporcionan una guía para la jornada; pero también es posible que se conviertan en capataces inflexibles. Para algunas mujeres, el día está estropeado si tienen que cambiar una sola cosa de su programa. Todo lo que pueden pensar cuando su esposo llega a casa es: "Estoy atrasada en mi horario; y mañana será peor todavía si no me pongo al corriente antes de acostarnos".

Si deseas que tu relación conyugal se haga más profunda, es muy importante que aprendas a ser flexible. Personalmente creo que no hay nada tan importante para ti o tu familia como una relación buena y amorosa con tu esposo. Dicha flexibilidad puede hacer que tu compañero se sienta verdaderamente especial, y conservar esa "chispa" en tu matrimonio. Cuando él llega a casa y ve que estás dispuesta a poner a un lado tu horario para tener una conversación sin prisas, se siente apreciado y amado.

Ocasionalmente, yo vuelvo a mi hogar bien entrada la noche después de una reunión con alguna pareja o algún grupo; y realmente me significa mucho cuando mi esposa se despierta y pasa unos pocos minutos escuchándome mientras me relajo contándole cómo ha ido mi velada. Por supuesto que está haciendo un sacrificio; pero ello me hace sentir importante y ahonda mi afecto por ella.

Me doy cuenta de que tu programa es importante. Sin embargo, necesitas mantener un equilibrio y ser capaz de dejar a un lado tus prioridades de vez en cuando para prestar especial atención a tu esposo y a las necesidades que él tiene. Eso es amor genuino.

### Mantente en buena condición física

Los peores enemigos de la salud son la falta de sueño y una dieta inadecuada. Cuando éstas se asocian con la tensión constante, pueden dejar a una mujer irritable —lo cual no es exactamente una invitación para el afecto de tu esposo.

Lo creas o no, una de las respuestas principales al problema de la fatiga, la desgana, y la irritabilidad, es el ejercicio enérgico regular. Cierto sicólogo me dijo que el ejercicio, no sólo mejora la condición física de uno, sino que también constituye un remedio excelente para el desaliento y la depresión.

Establece una rutina de ejercicio vigoroso regular; ya sea correr a paso gimnástico, montar en bicicleta, asistir a una clase de gimnasia, o ejercitarte en un balneario de aguas termales (asegúrate de consultar a tu médico si tienes algún problema de salud que pueda ser restrictivo para ciertos tipos de ejercicio).

## Aumenta tu propia sensibilidad hacia tu esposo

A los hombres les gustan las mujeres que son sensibles a ellos. De hecho la confianza de un hombre en sí mismo está relacionada directamente con la manera en que otros le responden. Un varón les dará su afecto a aquellos que muestran sensibilidad hacia él, y se lo retirará a aquellos otros que no manifiesten dicha sensibilidad. Hay por lo menos dos maneras en las cuales puedes aumentar tu propia sensibilidad hacia tu esposo.

### Mantén una buena voluntad y disposición para ceder ante él.

No estoy hablando del concepto de la sumisión ciega hasta el punto de dejarte pisotear —Dios te ha dado una mente y unos sentimientos los cuales nunca tuvo el propósito que tu esposo hollara bajo sus pies—; sino a la disposición de *estar abierta* a las opiniones de tu esposo: una buena voluntad para escucharle y ceder —si al hacerlo no viola tu propia conciencia. Este tipo de sumisión no es un signo de debilidad, sino de auténtica madurez (Efesios 5:22).

Uno sabe que el hijo o la hija está madurando, cuando comienzan a darse cuenta y a ceder a las necesidades de otros. Del mismo modo, los adultos manifiestan madurez si están dispuestos a someterse los unos por el bien de los otros. Un hombre necesita tener una actitud dócil hacia su esposa y tomar en cuenta los sentimientos y la personalidad única de ésta al hacer decisiones. A veces, el esposo ha de estar dispuesto a ceder a las preferencias de su esposa. Cuanto más maduros somos, tanta mejor disposición tenemos para someternos el uno al otro.

En el matrimonio, la sumisión no es siempre simultánea. Alguien tiene que comenzar a ponerla en práctica; y si la misma no empieza por tu esposo, ¿por qué no dejar que comience contigo? Quizás al principio tu esposo se aproveche de esa actitud sumisa tuya; pero con el tiempo tal vez él mismo adoptará tu enfoque maduro.

**Examina cuidadosamente lo que dice tu esposo sin reaccionar contra él.**

Considera con cuidado lo que dice tu esposo *sin* reaccionar de una manera negativa. No te conformes con aceptar el significado superficial de sus declaraciones; sino que haz preguntas e indaga cariñosamente hasta que adquieras una comprensión cabal de lo que él está tratando de expresar.

No intentes leerle el pensamiento. Muchas esposas dan por sentado que conocen lo suficiente a su esposo como para predecir lo que éste va a expresar; y algunas, incluso pretenden saber los motivos escondidos de su cónyuge. Si supones algo, espero que sea unas razones puras por parte de tu esposo. De hacerlo, te presentará mucha menos resistencia y será mucho más sensible a tus declaraciones. No reacciones a sus palabras mientras está hablando; sino considéralas y retén cualquier cosa de valor que haya en las mismas.

"Sencillamente estás siendo débil" —le dijo un esposo a su esposa cuando ésta le pidió un "te amo" de tanto en tanto. Necesitando una confirmación de su amor por ella, la mujer había sido abofeteada verbalmente en la cara. Evidentemente, sus sentimientos de afecto se apagaron por el comentario del hombre. Si tan sólo hubiera salido ella del círculo de la ofensa y tomado tiempo para considerar la respuesta de su esposo, habría aprendido mucho; por ejemplo: que ella necesitaba compartir la razón de que las expresiones de amor por parte de su esposo eran importantes; que éste enfocaba el asunto desde un ángulo diferente; y que el hombre *no* había querido herirla.

A medida que te hagas más sensible a tu esposo aprendiendo a ceder y a no reaccionar, aumentarás la confianza de él en sí mismo y su sentido de valor personal.

## Mantén viva la imaginación en tu relación conyugal

La mayoría de nosotros no estamos encariñados con nuestra rutina diaria; sino que acudimos en tropel a lo extraordinario, lo novedoso y lo inesperado de la vida. No es de extrañar que los matrimonios rutinarios se disuelvan —hay demasiados carnavales interesantes por todas partes. Cuando una esposa puede predecir cada uno de los talantes de su esposo, y éste los de su esposa, más tarde o más temprano su matrimonio tendrá problemas. Como algunos dicen: "La variedad es lo que da sabor a la vida"; así que dale algo de sabor a tu matrimonio. Todos los días recorro a paso gimnástico de tres a ocho kilómetros; pero nunca tomo el mismo camino dos días seguidos —no quiero que mi ejercicio se haga monótono. La variedad lo mantiene interesante; e igual sucede con tu relación matrimonial. La monotonía no puede establecerse si añades variedad a tus comidas, a tus conversaciones, a tus paseos, a tus salidas juntos, a tu vida sexual y a tu aspecto físico.

Una de las mejores maneras de mantener viva la imaginación en tu relación conyugal, es estando bien informada. Pregunta a tus amigas cómo añaden originalidad a sus matrimonios. Lee libros y revistas acerca de temas que podrían estimular conversaciones interesantes. Mi esposa contribuye tanto a la variedad de nuestra relación conyugal porque está constantemente aprendiendo. Norma, no sólo mantiene su mente alerta leyendo, sino que también toma cursos sobre nutrición, gastronomía, y otros tópicos especiales; y parece que siempre tiene algo nuevo e interesante de qué hablar.

## Resuelve las ofensas que le hiciste en el pasado

En el capítulo 7 hablamos acerca de la importancia que tiene el resolver las ofensas que le hayas hecho a tu esposo. Probablemente sería beneficioso el repasar ahora dicho capítulo.

Cada vez que ofendes a tu esposo y no arreglas la ofensa, abres una brecha en tu matrimonio; y nada cerrará dicha brecha sino tu humilde petición de perdón. Apunta por lo menos tres o cuatro cosas que hayas hecho recientemente las cuales han ofendido a tu esposo; y luego ve a él con una actitud de humildad y pídele que te perdone como dijimos en el capítulo 7. Incluso puedes llegar un paso más allá y preguntarle qué otras áreas de la vida le afrentan.

Susana tenía miedo de intentar esto, porque su amiga íntima había sido duramente criticada cuando preguntó a su esposo cómo podía mejorar como esposa y madre. "Pero todavía estoy planeando hacerlo" —dijo la mujer—; "porque he visto cuánto ha adelantado el matrimonio de mi amiga". Finalmente, la amiga de Susana había permitido que la corrección de su esposo la calara e hiciera efecto. "Ella dejó de dominar y consintió en que su esposo llevara la voz cantante en público; y eso realmente mejoró la relación entre ellos" —me contó Susana.

Quizás el paso más grande hacia la madurez sea aprender a admitir que hemos hecho mal. Cuando somos capaces de buscar humildemente el perdón de otra persona, no sólo arreglamos la ofensa, sino que también ganamos el respeto del ofendido. ¿Para qué se necesita más valor: para olvidarte de tu ofensa, o para reconocerla? Las únicas veces que he percibido una reacción negativa al pedir perdón, ha sido cuando lo he hecho en actitud acusadora. Al sentir los otros una falta de pesar auténtico, a menudo han reaccionado con resentimiento o con ira. Pero cuando han notado una aflicción sincera de mi parte, su respeto por mí ha parecido aumentar. No solamente es Dios atraído hacia el humilde; sino también los demás (Santiago 4:6).

## *Sigue siendo un reto para tu esposo*

En el libro de Proverbios he descubierto una profunda verdad: "Si un hombre tiene hambre, casi todo le resulta dulce; si está saciado aun la miel le sabe mal" (Proverbios 27:7). (*Paráfrasis del autor*) ¡Qué potente descripción de la naturaleza humana! Todos tendemos a desear lo que no podemos tener, y llegar a estar aburridos de aquello que hemos conquistado.

Probablemente, antes de casarte tú eras el reto número uno para tu esposo; y a él le entusiasmaba más ganarte que ninguna otra cosa en la vida.

A menudo un hombre está dispuesto a olvidarse de todo —relaciones, proyectos, vocación— para perseguir a la mujer con quien quiere casarse. Por desgracia, poco después de la boda su sensación de reto desaparece, y dicho hombre "se entierra" en proyectos, en su vocación y en otras relaciones. "Ah" —dices—, "pero si me hago la interesante, eso atraerá la atención de mi esposo". No, tal cosa lo único que puede conseguir es desalentarle. Pero si mantienes una independencia confiada, mostrándole que él no es tu solo propósito en la vida, se sentirá retado una vez más.

Antes de que nos casáramos, salí esporádicamente con mi esposa durante un período de cuatro años. Parecía que Norma siempre estaba disponible. Podía llamarla casi sin previo aviso y siempre estaba lista para salir conmigo. También era alguien con quien resultaba agradable hablar, y me encantaba estar con ella. Pero yo daba por sentado su disponibilidad —quizás porque siempre se hallaba a mano cuando la llamaba.

Entonces un día oí que estaba saliendo con otro; y por alguna razón mi afecto por ella aumentó inmediatamente. Pensé que iba a perderla. Por lo tanto la perseguí enérgicamente hasta el altar. Pero una vez que estuvimos casados, el reto había terminado; y el aburrimiento comenzó a sobrevenirnos a los dos. Mediante muchos de los principios presentados en este libro, vencimos dicho aburrimiento; y hasta el día de hoy Norma sigue representando un reto para mí. Sé que no depende totalmente de mi persona para ser feliz. Mi esposa tiene una profunda relación con Dios, y mira a él para su realización definitiva (Salmo 62:1, 2; Efesios 3:19, 20).

## Utiliza tus cualidades atractivas naturales

Hace varios años, cierto amigo mío se hallaba en un retiro para universitarios. Llevaba casado aproximadamente cuatro años, y estaba involucrado en aconsejar a jóvenes de edad universitaria. En aquel encuentro, vino a él una joven rubia muy atractiva para recibir consejo; la cual, en un momento de emoción, le rodeó con sus brazos buscando su consuelo. El me ha dicho, que hasta el día de hoy —seis años más tarde— todavía puede recordar su suave y tierno abrazo; y también me comentaba, que nunca su propia esposa —la cual era tan dulce y cariñosa cuando salían juntos antes de casarse— le había tocado con tanta suavidad a lo largo de toda su vida matrimonial. Sin embargo, un momento con aquella joven le derritió. Mi amigo decía que desde entonces no la ha vuelto a ver; pero que jamás ha podido olvidar su suave voz y su tierno contacto.

¿Qué ha pasado con todas aquellas características adorables tuyas que al principio atrajeron a tu esposo? Quizás fue tu voz apacible y dulce... tu espíritu dócil... tu capacidad para escuchar... tu alegre personalidad... tu mente ágil... tu sentido del humor... o cualesquiera cualidades que formaban a la persona total hacia quien él se sintió originalmente atraído. ¿Se han perdido algunas de ellas con el paso de los años? ¿Pides ahora su atención a gritos? ¿Te encuentras demasiado ocupada para escucharle? ¿Has perdido tu sentido del humor?

Comprendo que la falta de atención de tu esposo a lo largo de los años puede haberte agotado algunas de estas cualidades, haberte conducido a gritar o a lanzar cosas, o haberte llevado a no hacerle caso; pero si has de reconquistar su interés, deberás recobrar y mostrar de alguna manera aquellas características singulares suyas que en un principio atrajeron a tu esposo (es muy probable que sean esas mismas cualidades lo que le atrae ahora a los brazos de otra mujer que las manifiesta).

## Enséñale cariñosamente compartiendo con él tus sentimientos

Quizás tu esposo piense que es uno de los hombres más afectuosos que hayan jamás pisado la faz de la tierra. Pero, si no es así, ¿estás dispuesta a enseñarle cómo puede serlo? Tal vez él dé por sentado que todo el afecto que necesitas consiste en tener relaciones íntimas contigo. Sin embargo, tú como yo sabemos que nada podría estar más lejos de la verdad. Cuando compartas tus sentimientos, aguarda el momento debido y las circunstancias apropiadas. Expónle tales sentimientos tan clara y lógicamente como seas capaz. Si él reacciona negativamente a los mismos, espera a otra oportunidad; pero sé perseverante. Trata de no presionarle, sino explícale paciente y cariñosamente cómo te sientes.

El compartir tus sentimientos es algo que requiere perseverancia; pero también se necesita un método que ayude de verdad a un hombre a comprender lo que realmente sientes. El procedimiento más efectivo para hacerlo que yo conozco, se llama: "ilustraciones con palabras que expresan sentimientos".

Se trata de palabras que expresan sentimientos las cuales están relacionadas con los intereses o las experiencias pasadas del hombre. He aquí algunos ejemplos:

- Me siento como un cassette de sesenta minutos de duración, el cual tú pones románticamente por la noche como si se tratara de una cinta de diez minutos.

- Me siento como una toalla después de haber limpiado con ella camiones sucios durante un día entero.
- Me siento como una hamburguesa frita desde hace dos horas.
- Me siento como un gusano después que el pescador ha atrapado un gran pez.
- Me siento como una pelota de golf desechada o dejada de lado después de dieciocho hoyos en un torneo importante.

## Para meditación personal

Indica por lo menos cinco formas en las cuales estás enriqueciendo la vida de tu esposo y tu matrimonio. Recuerda 2 Corintios 9:6.

## 16. Cómo llegar a ser el "mejor amigo" de tu esposo

*". . . No es bueno que el hombre esté solo; le haré ayuda idónea para él"*
(Génesis 2:18).

Uno de los propósitos más importantes de este libro es ayudarte a convertirte en el "mejor amigo" de tu esposo. Si alcanzas dicho objetivo, muchas de las otras metas de que hemos hablado ocuparán automática-mente su lugar. El mejor amigo es alguien con quien se comparte ínti-mamente; una persona con la cual a uno le gusta pasar tiempo. Tal vez eso no describa los sentimientos de tu esposo en el momento presente —o tus propios sentimientos hacia él—; pero no pierdas la esperanza. En este capítulo hablaremos acerca de varias formas más en las que *puedes* convertirte en el compañero más íntimo de tu esposo.

### Compartan experiencias juntos

En un período de tres años, he entrevistado a más de treinta familias que estaban muy satisfechas con sus relaciones internas. La suya no era una satisfacción superficial, sino un amor y un sentimiento de realización profundos. Dichas familias pertenecían a diferentes marcos geográficos y sociales; y sus bases económicas fluctuaban entre las muy modestas y las de mucho dinero. Pero, todos esos hogares tenían dos cosas en común; una de las cuales era su interés por el compañerismo. En cada caso, esposo y esposa procuraban no programar actividades independientes que le separaran el uno del otro, o de sus hijos, de manera constante; y también evitaban aquellas ocupaciones que no contribuirían al bienestar de toda la familia.

Una clave esencial en esos hogares era la planificación cuidadosa; y aunque había cierto grado de flexibilidad para perseguir intereses individuales, cada miembro de la familia trabajaba con objeto de crear una unidad que se apoyaba mutuamente. De modo que dicha familia parecía convertirse en una "persona" en sí, que se nutría a sí misma y protegía sus mejores intereses. Lo típico era que el esposo y la esposa pasaran algo de tiempo haciendo cosas juntos; pero más en ocupaciones que incluían a sus hijos. Si alguno de los miembros de la familia participaba en una actividad individual, los demás hacían un esfuerzo por apoyarle (por ejemplo toda la familia asistía cuando se trataba de un partido de la liga infantil de béisbol).

El otro factor sorprendente común a todas aquellas familias felices, era su amor por el acampar. Mi esposa y yo nunca nos habíamos sentido inclinados a las fogatas de campamento o a dormir en camillas militares; pero cuando descubrimos que las treinta familias "ideales" eran campistas, decidimos probar aquello.

Yo tomé prestada una caravana para acampar e hicimos planes para acampar en nuestro viaje desde Chicago al estado de Florida. La primera noche llegamos al estado de Kentucky. Era una noche hermosa, y pensé: *Ahora comprendo por qué esto une a las familias.* Hablamos alrededor de una fogata, cantamos canciones, y asamos salchichas. Alrededor de las nueve nos encontrábamos complacidamente cansados y arropados en la cama. Un pequeñísimo y romántico relámpago brilló a lo lejos seguido del suave retumbar de un trueno. Y luego, sucedió. Aquel apacible trueno se convirtió en un estampido ensordecedor que pareció quedar suspendido sobre nuestra furgoneta. El pánico sobrecogió a mi pequeña tropa; mientras la lluvia pegaba tan fuerte contra nuestro vehículo que se abrió camino y nos empapó las almohadas.

Norma y yo estábamos petrificados de terror cuando ella pronunció con voz chillona: —¿Crees que se va a volcar la furgoneta?

—No hay posibilidad de que eso suceda —contesté. *Pero puede saltar por los aires* —pensé para mis adentros.

¿Quién pensaría otra vez en acampar después de una historia de horror como aquella? Nosotros lo hicimos. De hecho, a veces hemos soportado cosas mucho peores. Parece que algunas de nuestras peores tragedias y discusiones suceden cuando vamos a acampar; y eso es precisamente por lo que nos hemos convertido en ávidos campistas: tantas cosas pueden ir mal, que una familia se ve *obligada* a unirse sólo para aguantar las partes más duras de la excursión. El lado bueno de esto, a su vez, hace posible que un matrimonio y sus hijos compartan los bellos paisajes y sonidos de la creación de Dios; y durante años pueden refle-xionar acerca de las trágicas y felices experiencias que pasaron juntos. El sentimiento de unidad queda *mucho después* de terminada la excur-sión.

Quizás tu primer intento de programar actividades familiares sea algo difícil, debido a que tienen demasiados compromisos. Si tu esposo o tu familia están ya agotados con excesivas actividades, no se mostrarán efusivos hacia tus nuevas ideas; e incluso es posible que tú misma te encuentres demasiado cansada para considerarlas. Sin embargo, puedes *hacer* hueco para las mismas aprendiendo a utilizar la simple palabra "no". Cuando te piden que te comprometas con una actividad la cual sabes que a la larga no beneficiará a tu familia, sencillamente di que no; o contesta que necesitas hablar acerca de ello con tu esposo. Si es ne-cesario, deja que él intervenga y actúe como un escudo diciendo "no".

No todas las actividades individuales son improductivas o dañinas para la vida familiar. El interés que tienes por las antigüedades, y el de tu hijo por las orugas, contribuyen a crear un equilibrio saludable. No hay razón para suprimir o invadir todos los intereses individuales; la flexibilidad permitirá que haya compañerismo e individualidad.

Sin embargo, un miembro de la familia no debería esperar que otro participara en actividades de mal gusto u ofensivas; y ninguno debiera tratar de ser la conciencia de otro. No creo que debas obligarte a violar tu propia conciencia sólo para estar juntos como familia. (El no participar en actividades desagradables es una parte importante de Romanos 14.) Tampoco deberías criticar a otros miembros de tu familia a causa de las actividades que realizan. Si una cierta ocupación familiar te parece de mal gusto, comparte entonces de una manera cariñosa y sin censurar que preferirías no participar en la misma. Me he dado cuenta de que cuando una esposa permanece firme en sus convicciones personales de una forma no-crítica hacia otros, ello lo único que hace es aumentar el respeto que su familia siente hacia ella.

## *Ataquen y conquisten las tragedias como pareja, no como individuos*

Las amistades duraderas se forman en las trincheras. Nada une a dos personas con mayor rapidez que una lucha común contra el enemigo. Prácticamente cualquier crisis puede acercarles más a tu esposo y a ti

—ya sea un fregadero tapado o el embarazo de una hija que no está casada. Nadie busca la tragedia; pero si ésta llama a tu puerta, ustedes pueden fortalecer su matrimonio encarándola como equipo.

Uno de los grandes predicadores de América cuenta cómo cierto dolor tremendo unió a su familia. El y su esposa afrontaban los problemas "típicos" del matrimonio, y sus hijos adolescentes estaban pasando por los "típicos" años de rebeldía. Su vida familiar era agradable, pero no íntima. Cierto día, para el asombro de todos, su esposa llegó a casa y anunció que se hallaba embarazada. Nadie se sintió extraordinariamente entusiasmado por aquello: la última cosa que sentían que necesitaban era otra boca más que alimentar y que mantener callada.

Poco después de que naciera el bebé, las cosas cambiaron; y éste se convirtió en la niña del ojo de cada uno. Su espíritu dulce y apacible se hizo manifiesto desde el día que llegó a casa procedente del hospital. Los niños estaban tan encantados con él que disputaban en cuanto a quién tenía que quedarse a cuidarle. Cuando el bebé contaba sólo un año de edad, se puso muy enfermo y tuvieron que llevarle a toda prisa al hospital. La familia entera esperaba ansiosamente el informe del médico. Aquel dulce niñito tenía leucemia. Durante tres días y tres noches todos aguardaron juntos en una sola habitación, velando a su bebé, orando y con la esperanza de que el niño viviría. Al tercer día, el bebé murió. Abrumados de pesar, la familia volvió a casa para empezar una nueva vida sin él. Nunca más darían por sentado que el tenerse el uno al otro era algo normal. Su amor y compromiso mutuos permanecerían vigorosos. Sin lugar a dudas, la muerte de aquel bebé era la mayor tragedia que ninguno de ellos había experimentado nunca; pero la misma produjo un amor, una intimidad y un aprecio tremendos de los unos por los otros en la familia.

## Hagan juntos las decisiones importantes

El día 4 de julio, cuando Norma y yo nos estábamos preparando para ir de picnic, estalló una discusión acalorada entre nosotros. Después de unos pocos minutos, las cosas sólo se habían puesto peor. Como veíamos que se nos iba a hacer tarde para el picnic, postergamos la disputa hasta luego.

Yo estaba harto de tener tantas discusiones —parecía que no podíamos pasar un día sin pelearnos—, así que pregunté a Norma: "¿Estarías dispuesta a probar un nuevo método durante unas pocas semanas?" Ella accedió.

Lo que acordamos aquel día ha tenido un poderoso impacto en nuestro matrimonio; y nos ha obligado a comunicarnos a niveles más profundos de los que jamás pensé que existieran, ayudándonos a obtener una comprensión de nuestros puntos de vista individuales. También nos ha forzado a mirar debajo de las opiniones superficiales y a descubrir la raíz misma de nuestro propio pensamiento. Cuando no estamos de acuerdo en una situación, nuestro compromiso con este principio nos ayuda a expresar en palabras los sentimientos que tenemos hasta que nos comprendemos el uno al otro. Han pasado años desde que hicimos aquel compromiso, y el mismo continúa operando por encima de nuestras expectativas (¡desde entonces nos ha mantenido libres de discusiones!).

Aquel 4 de julio *acordamos no hacer nunca decisiones definitivas sobre asuntos que nos afectaran a ambos sin que los dos estuviéramos de acuerdo.* Si no conseguimos la unanimidad antes de que llegue el autobús, no lo tomamos. Hemos dependido de este principio en todo tipo de situaciones. Tanto el uno como el otro asumimos la responsabilidad de compartir sinceramente nuestros sentimientos, porque sabemos que no llegaremos a ningún sitio hasta que estemos de acuerdo.

Cierto hombre me dijo que se habría ahorrado más de 30.000 dólares en la bolsa de valores si seis meses antes hubiera puesto en acción este principio. Siempre me alegra encontrar esposos que están dispuestos a admitir el valor del consejo de sus esposas. Después de todo, nadie conoce a un hombre mejor que su "mejor amigo".

## Desarrolla sentido del humor

Las reuniones de antiguos compañeros de estudios siempre sacan a relucir aquellos recuerdos divertidos de tiempos pasados. En este rincón Samuel está haciendo destornillarse al grupo apiñado alrededor de él con sus viejos chistes de estudiante de segundo año. Allá, cerca de la ponchera, Juanita se ríe incontrolablemente a carcajadas mientras recuerda aquella broma de la primera vez que salieron dos parejas juntas. Pareciera que todos nos reíamos más en los días antes de casarnos.

Probablemente tú no eras una persona sombría y triste cuando tu esposo se casó contigo; así que, si deseas ser su "mejor amigo" ahora, quizás necesites añadir un poco de humor a tu relación con él. No precisas comprarte un traje de payaso; sólo busca maneras de tocarle su hueso de la risa. Recorta aquellas historietas que a ti te parecen divertidas y guárdalas para que él las disfrute en momentos libres. Está dispuesta a echarte a reír de buena gana cuando tu esposo te cuente un chiste gracioso. Hay innumerables maneras de añadir humor a tu matrimonio. Estáte lista para poner de lado en ocasiones la búsqueda seria de romanticismo con objeto de disfrutar sencillamente pasándolo bien juntos como amigos.

## Comprende los rasgos de tu propia personalidad y de la de tu esposo

Nadie ha desarrollado todos los rasgos de su personalidad —muchos de los mismos eran innatos. Hay cuatro temperamentos básicos que afectan nuestros caracteres; y cada uno de nosotros *tendemos* hacia uno de aquéllos. Según Tim La Haye, estos cuatro tipos de personalidad se pueden designar como: el hablador, el líder, el legalista y el inmotivado. Si no comprendes el tipo de personalidad que tienes y cómo ésta obra recíprocamente con la de tu esposo, probablemente experimentarás penas y malentendidos innecesarios. Cada tipo de carácter tiene sus ventajas y sus desventajas. Cuando comprendes mejor los puntos fuertes y las debilidades de la personalidad de tu esposo, puedes cooperar con él para compensar estas últimas. Si no entiendes su tipo de personalidad, quizás reacciones a sus debilidades siempre que choquen con las tuyas.

Hay tanto material sobre el tema de los tipos de carácter, que el entrar en detalle al respecto requeriría otro libro completo. No obstante, he tratado de presentar una descripción breve de cada uno de dichos tipos: algunas de sus ventajas y de sus desventajas.

Haz esta prueba sencilla para determinar el tipo de personalidad que tienen tú y tu esposo (puede que cada uno presente una combinación de dos tipos). Marca las casillas adecuadas con una X en el caso de tu esposo, y una O en el tuyo propio. El propósito de esta prueba es mostrar que cada uno de nosotros posee una personalidad única, y que *tendemos* a casarnos con personas del tipo opuesto (aquellas que nos complementan).

Llegar a ser el mejor amigo el uno del otro no es un proceso automático que ocurre por el mero hecho de vivir juntos; sino que uno tiene que aprender a compensar cuando se ve confrontado a diario con las faltas y las debilidades de su cónyuge. Tu relación de "mejor amigo" con tu esposo requerirá perseverancia, paciencia, comprensión, amor genuino, y otras cualidades de las cuales hemos tratado a lo largo de todo este libro. A medida que pongas en práctica las cinco sugerencias de las

## LOS TIPOS SOCIABLES (Extravertidos) | LOS TIPOS TÍMIDOS (Introvertidos)

| I El hablador | II El líder | III El legalista | IV El inmotivado |
|---|---|---|---|
| ☐ apercibido | ☐ frío —poco compasivo | ☐ talentoso | ☐ tranquilo y callado |
| ☐ ingenioso | ☐ decidido y obstinado | ☐ malhumorado | ☐ despreocupado |
| ☐ indisciplinado | ☐ insensible y poco considerado | ☐ analítico | ☐ plácido |
| ☐ seductor | ☐ independiente | ☐ negativo | ☐ perezoso |
| ☐ poco resuelto | ☐ hostil —colérico | ☐ perfeccionista | ☐ simpático |
| ☐ inquieto | ☐ productivo | ☐ crítico | ☐ espectador |
| ☐ cariñoso | ☐ cruel —sarcástico | ☐ concienzudo | ☐ diplomático |
| ☐ cordial | ☐ firme | ☐ rígido y legalista | ☐ egoísta |
| ☐ desorganizado | ☐ implacable | ☐ leal | ☐ tacaño |
| ☐ responsivo | ☐ autosuficiente | ☐ egocéntrico | ☐ formal |
| ☐ improductivo | ☐ visionario | ☐ estético | ☐ testarudo |
| ☐ locuaz | ☐ dominante | ☐ quisquilloso | ☐ conservador |
| ☐ poco responsable | ☐ optimista | ☐ idealista | ☐ autoprotector |
| ☐ entusiasta | ☐ testarudo y parcial | ☐ vengativo | ☐ práctico |
| ☐ molesto —ruidoso | ☐ valiente | ☐ sensible | ☐ irresoluto |
| ☐ despreocupado | ☐ orgulloso | ☐ dado a la persecución | ☐ líder reacio |
| ☐ egocéntrico | ☐ confiado en sí mismo | ☐ abnegado | ☐ temeroso |
| ☐ compasivo | ☐ astuto | ☐ insociable | ☐ de humor seco |
| ☐ exagerado | ☐ dirigente | ☐ autodisciplinado | |
| ☐ generoso | | ☐ teórico e impráctico | |
| ☐ temeroso e inseguro | | | |

que hemos hablado en el presente capítulo, tengo la confianza de que la amistad con tu esposo se hará más profunda.

## Para meditación personal

Indica las maneras específicas en las cuales has sido una ayuda o un complemento para tu esposo (Génesis 2:18).

Haz una lista de otras formas en las que podrías ayudar a completar su vida.

## Por favor no lo olvides

En primer lugar, no esperes milagros de la noche a la mañana. Casi todas las cosas de verdadero valor necesitan tiempo para perfeccionarse. Estos principios *dan* resultado cuando se aplican con perseverancia y actitud amorosa durante un cierto período de tiempo.

Segundo: Busca al Señor con todo tu corazón, y verás que es real y satisface (Lucas 11:9; Santiago 4:8).

Tercero: No te aterres ni te rindas cuando fallas. Al comenzar a aplicar estos principios, puede que "metas la pata" con frecuencia. Por ejemplo es posible que sin siquiera darte cuenta te encuentres utilizando expresiones con el acusante "tú" en lugar de aquellas con "siento". No te preocupes: cambiar hábitos es algo que toma tiempo. Cuando te descubres a ti misma dejando de aplicar cierto principio, toma nota mental de la situación y promete solemnemente responder de la manera correcta la próxima vez que surja una semejante. A medida que vaya pasando el tiempo, tendrás éxito con más frecuencia y fallarás menos. No caigas en la trampa de pensar que eres una fracasada sólo porque cometes faltas. Solamente serás una fracasada si abandonas toda esperanza de obtener éxito y todo esfuerzo por conseguirlo.

Que Dios te bendiga mientras te dedicas a lograr una relación conyugal más satisfactoria y amorosa. Recuerda que él la quiere para ti tanto como tú misma (Juan 15:11–13).

## Lectura Recomendada

(*Publicados por Editorial Betania*)

1. *El amor que no se apaga*—Dr. Ed Wheat
2. *Cómo desarrollar el temperamento de su hijo*—Beverly LaHaye
3. *Como criar hijos felices y obedientes*—Roy Lessin
4. *La esposa virtuosa*—Linda Dillow
5. *La familia cristiana*—Larry Christenson
6. *La familia sujeta al Espíritu*—Tim y Beverly LaHaye
7. *Hijos confiados y cómo crecen*—Richard L. Strauss
8. *La pareja cristiana*—Larry y Nordis Christenson
9. *El placer sexual ordenado por Dios*—Dr. Ed Wheat y Gaye de Wheat
10. *El acto matrimonial*—Tim y Beverly LaHaye
11. *El varón y su temperamento*—Tim LaHaye
12. *El gozo del amor comprometido-Tomo 1*—Gary Smalley con Steve Scott